全国工会干部培训基础教材

工会财务工作概论

中国工人出版社

图书在版编目（CIP）数据

工会财务工作概论 / 李玉赋主编. —北京：中国工人出版社，2018.5
ISBN 978-7-5008-6955-9

Ⅰ. ①工…　Ⅱ. ①李…　Ⅲ. ①工会工作—财务管理—中国—干部培训—教材
Ⅳ. ①D412.67

中国版本图书馆CIP数据核字（2018）第089256号

工会财务工作概论

责任编辑	赵晨羽
责任校对	孙逦伟
责任印制	栾征宇
出版发行	中国工人出版社
地　　址	北京市东城区鼓楼外大街45号　邮编：100120
网　　址	http://www.wp-china.com
电　　话	（010）62005043（总编室）　（010）62005039（出版物流部） （010）82075935（工会与劳动关系分社）
发行热线	（010）62033018　62004002　62046264　（010）82081553（传真）
经　　销	各地书店
印　　刷	北京市密东印刷有限公司
开　　本	660毫米×960毫米　1/16
印　　张	12.25
字　　数	150千字
版　　次	2018年5月第1版　2020年4月第4次印刷
定　　价	28.00元

全国工会干部培训基础教材
修订和编写委员会

主　任： 李玉赋

副主任： 邓　凯　张茂华

成　员：（按姓氏笔画为序）

王　英　王利中　王俊治　王晓峰

吕国泉　朱虎祥　刘迎祥　江　南

李伟言　李庆堂　杨军日　邹　震

金善文　屈增国　徐　微　栗　斌

出版说明

为深入学习贯彻习近平新时代中国特色社会主义思想和党的十九大精神，学习贯彻习近平总书记关于工人阶级和工会工作的重要论述以及干部教育培训工作的重要指示精神，着眼更好服务统筹推进“五位一体”总体布局和协调推进“四个全面”战略布局，坚持和发展中国特色社会主义，坚定不移走中国特色社会主义工会发展道路，团结和带领职工群众为决胜全面建成小康社会，把我国建设成为富强民主文明和谐美丽的社会主义现代化强国，实现“两个一百年”奋斗目标、实现中华民族伟大复兴的中国梦而奋斗，全国总工会党组、书记处决定对“十二五”期间全国工会干部培训基础教材进行修订和编写，作为“十三五”期间全国工会干部业务培训和自学辅导的专用教材。通过高质量的工会干部教育培训，建设高素质专业化工会干部队伍，用新发展理念引领新实践，为新时代工会工作改革创新提供人才保证和智力支持，在党和国家工作大局中更好发挥工会组织的作用。

教材的修订和编写坚持以习近平新时代中国特色社会主义思想为指导，认真贯彻落实党的十九大精神，按照中央党的群团工作会议精神，围绕保持和增强工会工作和工会组织的政治性、先进性、群众性要求，坚持正确政治方向、把握政治标准，按照统分结合、优势互补的原则，突出工会专业和创新特色，充分反映和体现工会改革创新取得的成果，坚持问题导向、实践导向、需求导向，体现教材编写的科学性、系统性、规律性，进一步提高工会干部教育培训教材建设质量水平，丰富完善工会干部教育培训教材体系。

全国总工会党组书记、副主席、书记处第一书记李玉赋任教材修订和编写委员会主任，全国总工会副主席、书记处书记、党组副书记邓凯，全国总工会书记处书记、党组成员、组织部部长张茂华任教材修订和编写委员会副主任，编委有（按姓氏笔画为序）：王英、王利中、王俊治、王晓峰、吕国泉、朱虎祥、刘迎祥、江南、李伟言、李庆堂、杨军日、邹震、金善文、屈增国、徐微、粟斌。

本教材在编写委员会的领导下进行编写、修订、审稿、编辑、出版等工作。有关全国产业工会，全国总工会有关部门、直属单位主动配合，作出了积极贡献，在此表示衷心感谢。

编　者

2018年2月

目　录

第一章　工会财务工作概述

第二章　工会财务管理体制

第三章　工会经费收支预算和决算管理

第四章　工会经费收入、支出管理

第五章　工会会计管理

第六章　工会财务监督

第一章　工会财务工作概述

第一节　工会财务工作的基本概念

工会财务工作是与工会组织的产生、存在和发展紧密相连的工会经济管理工作，承担着收好、用好、管好工会经费的任务，是工会整体工作一个必不可少的组成部分。工会财务工作伴随着工人运动的兴起、工会组织的建立和工会活动的开展而不断发展，并形成了自己的指导思想和工作特点，为维护工人阶级的经济利益和政治权利，实现工人阶级的历史使命发挥着重要的物质保障作用。

中华全国总工会成立 90 多年来，在中国革命、建设、改革的各个时期，始终坚定地跟党走，与党和人民的事业同呼吸、共命运。中国工人运动始终在中国共产党的领导下，走在中国社会变革的前列。习近平新时代中国特色社会主义思想是指导中国工会改革和发展的基本遵循。各级工会组织一定要深入贯彻习近平新时代中国特色社会主义思想和党的十九大精神，深入贯彻中央党的群团工作会议精神，切实把思想和行动统一到中央决策部署上来。工会财务工作要始终坚持正确政治方向，紧紧围绕党和国家工作大局及工会工作全局，努力为工会组织履职尽责地提供保障与服务。

一、工会财务工作的含义

工会财务工作就是各级工会组织及其所属企事业单位，在谋求自身生存发展和履行工会的社会职能过程中，主要以货币反映并监督工会运营，对筹集、分配、运用资金的活动进行管理的行为。

工会财务工作包括财务管理和会计工作两部分。财务管理侧重于控制和参与预测、决策及对经济工作的调节，包括财务管理体制与经费分成，预算管理，经费收缴、使用与管理，资产管理，财务监督检查等。会计工作侧重于反映和监督经济活动过程，包括填制会计凭证、登记账簿、编制报表、财产清查等。

恩格斯在《英国工人阶级状况》一书中说，工会产生后要成立“基金会”，建立“簿记”，“用金钱帮助失业工人”，“成立一个委员会来收取每周的会费和监督这些会费的开支，使其合乎工会的利益”。毛泽东同志于1921年11月在《所希望于劳工会》的文章中指出，“工会是工人组织的，所以工人应该自己养活工会，更进则准备罢工基金和选举基金，现在不能遽言及此。我以为无论如何第一步要办到凡入工会的工人每人必出至低限度的月捐，少至一个铜元都可；第二步办到自己养活工会。这一点很要紧”。

工会的资金运动及其所体现的经济关系具有其自身的特殊规律性，使工会经济活动在社会经济活动总体中构成相对独立的方面，从而形成工会财务工作。

由于工会财务具有相对独立的特性，工会财务工作既有预算会计的属性，又有财务会计的属性。按照《中华人民共和国工会法》（以下简称《工会法》）的有关规定，中华全国总工会负责制定工会经费资产管理和工会预算管理制度，由各级工会组织遵照执行。各级工会组织所属独立核算的企业，执行《企业会计准则》和《企业会计制度》。各级工会所属事业单位，执行财政部《政府会计制度——行政事业单位会计科目和报表》。

二、工会财务工作的任务

工会财务工作的任务主要是收好、管好、用好工会经费。收好经费是基础，就是要依据《工会法》《中国工会章程》的规定，积极组织收入，不断提高工会经费收缴率，并按时足额地上缴经费；管好经费是手段，就是要按照《工会法》赋予的职权，由全国总工会确定独立管理经费的财务体制，建立健全各项财务制度，并对各级工会财务工作实施指导和监督；用好经费是目的，就是要按照“量入为出、收支平衡，统筹兼顾、保证重点，真实合法、精细高效”的原则，在资金上为工会组织开展各项工作，特别是为工会重点工作提供财力保证。

三、工会财务工作的指导思想

当前和今后一段时期工会财务工作的指导思想是：深入学习贯彻党的十九大精神，以习近平新时代中国特色社会主义思想为指导，坚持走中国特色社会主义工会发展道路，紧紧围绕党和国家工作大局与工会工作全局，深化工会全面预算管理改革，统筹工会经费收入管理，优化工会经费支出结构，加强财务管理制度建设，强化财务监督检查，真抓实干、锐意进取，全面分析不平衡、不充分的发展在职工队伍、劳动关系和工会工作中的主要表现，找准工会财务工作贯彻落实党的十九大精神的切入点、着力点，努力为工会组织履职尽责提供保障与服务，让广大职工群众有更多的获得感。

四、工会财务工作的特点

工会财务工作具有三个鲜明的特点：独立自主的经费管理体制、法律确定的经费来源渠道和法律明确的经费用途。

（一）独立自主的经费管理体制

1. 工会经费独立。

《工会法》第四十四条规定："工会应当根据经费独立原则，建立预算、决算和经费审查监督制度。"这是法律赋予工会组织独立管理工会经费的职责。各级工会应该按照法律规定和全国总工会有关文件的要求，依法做好工会经费独立核算工作。

2. 工会经费使用管理办法由全国总工会制定。

《工会法》第四十二条规定，"经费使用的具体办法由中华全国总工会制定"。这是法律赋予全国总工会制定工会经费使用办法的职责。近年来，全国总工会根据《工会法》、《中华人民共和国会计法》（以下简称《会计法》）、《中华人民共和国预算法》（以下简称《预算法》）、《中国工会章程》和国家有关规定，建立了一整套工会经费使用管理办法。

3. 工会财务管理体制独立。

根据法律规定，各级机关、事业单位、企业和其他社会经济组织可独立或联合成立工会委员会。为保证工会组织的稳定发展和职责履行，必须建立与工会组织体系统一的财务管理体制。目前，中国工会实行"统一领导、分级管理"的工会财务管理体制。

（二）法律确定的经费来源

《工会法》第四十二条明确规定了工会经费的来源：一是工会会员缴纳的会费；二是建立工会组织的企业、事业单位、机关按每月全部职工工资总额的2%向工会拨缴的经费；三是工会所属的企业、事业单位上缴的收入；四是人民政府的补助；

五是其他收入。《工会法》第四十五条规定：“各级人民政府和企业、事业单位、机关应当为工会办公和开展活动，提供必要的设施和活动场所等物质条件。”第四十八条规定：“县级以上各级工会的离休、退休人员的待遇，与国家机关工作人员同等对待。”第四十一条规定：“企业、事业单位、机关工会委员会的专职工作人员的工资、奖励、补贴，由所在单位支付。社会保险和其他福利待遇等，享受本单位职工同等待遇。”

（三）法律明确的工会经费用途

《工会法》第四十二条规定，“工会经费主要用于为职工服务和工会活动”。按照目前的财政预算管理体制，县级以上各级工会在职人员的人员经费由工会经费负担，其余工会经费均用于为职工服务和工会活动。

此外，工会财务工作区别于企业、事业、行政财务的最大特点就是广泛的群众性，工会经费的筹集、管理、使用都有相应的职工群众参与。

第二节　工会财务工作的产生和发展

中国工会是在中国共产党领导下建立的工人阶级群众组织。中国工会财务工作伴随着中国工会运动的兴起、工会组织的建立和工会活动的开展而产生和发展起来，党在各个历史时期都非常重视工会工作和工会财务工作。

1921 年 7 月，中国共产党成立。此后中国共产党领导的多次罢工斗争，工会组织都从财力上给予了全力支持，党领导工会利用工会会员缴纳的会费以及吸收同情工会运动的社会资金，向罢工工人发放生活费，为罢工取得胜利提供了有力保障。

1925 年 5 月，中华全国总工会成立，通过了《中华全国总工会总章》，这是中国工会第一个章程，明确设立工会经济部，会员缴纳的会费以及外界的捐助作为工会的经费来源。在解放区，工会除向会员收取会费外，还规定雇主（企业）担负工会办公费及工人教育费，标准为工资的3%。在苏区还规定了各机关、企业、商店除付给工会职员工资外，须付工资总额的2%为工会的办事经费，1%为职工的文化教育费。1948年8月，第六次全国劳动大会批准的文件中明确提出，“工厂每月按工资总额总数拨出1.5%交给工会办理工人文化教育事业”。

1950年颁布的《工会法》第一次通过法律制度明确了工会独立管理经费的原则。到目前为止，中国工会已经形成了一整套工会财务工作体系，涉及工会经费收入、管理、使用、监督等各个方面。工会财务工作在中国工会工作的发展历史上发挥了重要的物质保障作用。

一、中国工人运动兴起和第一次国共合作时期的工会财务工作

1921年7月中国共产党成立后，即以主要力量领导工人运动，从1922年1月至1923年2月，中国共产党领导的罢工斗争达100多次，参加罢工的工人达30万人以上。每次罢工都要靠工会财力保证，利用工会会员平时缴纳的会费和同情罢工的社会力量给予工会的经济援助向罢工工人发放生活费，维持工会开展活动的必要开支，工会财务工作为中国工人运动初期罢工斗争的胜利做出了重要贡献。

1924年11月，孙中山先生在中国共产党的影响下，以国民政府总理和大元帅名义颁布了《工会组织条例》。其中规定：“工会会员无等级差别，但对会费之收入，得照会员之收入确定征收之标准。会员对工会负担之经常费，其金额不得超过该会员收入5%；但特别基金及为会员利益之临时募集金或股份不

在此限。”还规定：“工会会员必要时得选派代表审查工会簿记，并调查财产状况。”“工会所管理的财产不得没收。”由此可见，在中国工会成立之初，工会财务工作已经形成了会员会费收取标准、广泛吸收社会资金支持、经费审查、实行独立管理等一系列管理思想和基本原则，并已受到政府的法律保护，这些思想原则对后期的工会财务工作也产生了深远的影响。

在1925年召开的第二次全国劳动大会上，中华全国总工会正式成立，并通过了第一个《中华全国总工会总章》。其中明确规定，在全国总工会干部局下，应设立经济部负责掌握司库、司账、总务等经济事项。章程还规定工会经费的来源有会员缴纳的会费、特别捐款和外界赞助者募捐等。

1926年，为加强工会财务工作建设，刘少奇同志撰写了《工会经济问题》的小册子。他在绪言中强调指出：“经济问题，是工会中时常发生的大问题，可以使工会分裂，可以使工会塌台，可以使工人不信仰他们的领袖和工会。所有的工友，尤其是工会的办事人，应该懂得这个问题的重要，求得解决这个问题的方法，预防这个问题的发生。”他还指出，工会经费管理“这种技术工作是革命中很重要的工作，与工人阶级幸福有极大的关系”。他还就工会经费在筹集、管理和使用等方面应建立的财务会计制度和民主管理制度提出意见，这些意见既有重要原则，又有具体规定，为工会财务工作的思想建设、组织建设和业务制度建设奠定了坚实的基础。

二、解放区的工会财务工作

大革命失败后，中国共产党将主要力量转移到农村和经济不发达的中小城镇的革命根据地，由于受到敌人的分割包围、军事进攻和经济封锁，在艰苦的战争环境中，生产不正常，职工工资水平低，工会在极端困难的物质条件下进行工作，会费收入远远不能满足工会工作需要。

1930 年，苏区颁布《工会组织法》，其中明确规定："工会经费不足时，向苏维埃政府申请津贴。"1933 年 12 月，在刘少奇和陈云同志主持下，中华苏维埃中央执行局公布了重新修订的《中华苏维埃共和国劳动法》，其中规定："各机关、各企业、各商店除付给工人职员工资外，须付工资总额的2%为工会的办事经费，又1%为工会的文化教育费。"同时，在财务组织建设上，规定在县工会执委会下应设财务科，区、乡、镇工会执委会下应设财务委员，从组织上保证了工会财务工作的顺利进行。这是以工人阶级政党领导下的政府制定的，在经济上保障工会活动和工人阶级利益的法律。

1933 年，中华全国总工会改名为全国总工会苏区中央执行局，并领导革命根据地工会工作。在抗日战争和解放战争期间，工会承担起了动员职工积极参加抗战，帮助政府建设和发展工业的任务。

解放区工会除向会员收取会费外，企业行政还向工会拨缴经费。《陕甘宁边区劳动保护条例》中规定"雇主应担负工会办公费及工人教育费。其数目规定为工资的3%"。工厂企业工会所收的会费和部分文教费都要上缴。其自身主要使用行政拨缴的办公费和部分文教费；县以上工会同党政机关一样实行供给制，其日常活动经费主要靠政府预算拨款。这是工会经费收缴、上缴、使用及政府承担工会开支项目的基本雏形。

1948 年 8 月，新中国成立前夕，第六次全国劳动大会在哈尔滨召开，会议恢复了中华全国总工会，通过了《关于职工运动当前任务的决议》和《几个问题的说明》，其中明确提出"工厂每月按工资总额总数拨出 1.5% 交给工会办理职工文化教育事业"。这种由行政向工会拨缴经费的工会经费来源和缴费方式，在新中国成立后被《工会法》所采用。

三、新中国成立后到改革开放前的工会财务工作

1949年10月中华人民共和国成立后，中国工会随着国内外政治经济形势的发展变化，在社会主义革命和建设事业的发展过程中发挥了重大作用，工会财务工作在保证工会工作任务顺利实现过程中不断建立健全了经费独立管理体系和相关的理论与方法。

（一）建立工会财务管理体制

1950年6月29日，中央人民政府颁布的《工会法》第一次从法律上明确肯定了工会经费独立管理的原则。这一原则的主要内容是：工会应建立自己的预算、决算、会计审核制度；工会活动经费的主要来源除会费和各项事业收入外，还有企业、事业、行政或资方依法按月向工会拨缴的经费；各级工会经费收支办法由全国总工会制定；各级政府和企事业单位应拨给或供给同级工会开展活动、办公、住宿和举办事业的必要房屋与设备。概括而言，就是工会对依法取得的各项活动经费和财产，实行自主管理、自定制度、自收自支，并受法律保护。

由于中国工会是各级地方和产业工会组成的多级工会机构统一的全国性组织，为了合理地分配经费和正确划分职责权限，必须建立财务管理体制。1951年，根据当时工会实行的产业组织原则，工会财务工作实行按产业工会系统垂直管理经费的体制。县以上地方工会和全国总工会的行政经费、干部训练费由财政预算拨款，实行“统收统支”。自1955年起，全国总工会财力情况得到很大增强，决定县以上工会不再依靠国家财政预算拨款，实现了工会经常活动经费完全自给。1957年，根据中央精神，工会实行地方与产业相结合的组织原则，工会财务改为以地方工会为主的财务管理体制，

目前仍执行此管理体制。

（二）培养工会财会干部队伍

1950 年，全国总工会在天津举办第一期工会财会干部培训班，为工会财务系统培养了骨干力量。

（三）明确工会财务工作的服务方针

1953 年，中国工会七大明确提出工会财务工作必须“为整个工会建设服务，为生产服务，为群众服务”的方针，奠定了工会财务工作的思想建设基础。

（四）建立健全工会财务制度

根据《工会法》的要求，不断建立健全了工会预算、决算、经费收支、财产管理和会计核算等一系列工会财务制度，奠定了工会财务工作的制度基础。

“文化大革命”期间，由于工会组织瘫痪，一切活动停止，干部下放，工会财务工作停顿，多年积累的工会经费被全部冻结，工会所属的房屋设备财产多被侵占。至 1973 年中央决定恢复工会财务工作时，工会最低限度的经费需要也难以保证，需由国家承担基本费用开支。

四、改革开放以来工会财务工作得到长足发展

1978 年底，中国工会九大和党的十一届三中全会相继召开，中国工会迎来改革开放新时期。各级工会根据民主程序重新组建，工会财务工作也相应得到恢复和发展。

1978 年 12 月，全国总工会、财政部印发《关于恢复企业、事业、机关的行政方面拨缴工会经费的联合通知》，工会财务工作逐步走上正常发展道路。特别是 20 世纪 90 年代以来，在建立和发展社会主义市场经济，加快推进社会主义现代化的新的历史时期，各级工会财务部门以《工会法》为法

律依据，坚持工会财务工作为职工群众服务、为工会机关和事业单位服务、为工会各项中心工作和重点任务的开展提供物质保障的原则，贯彻“组织起来、切实维权”的工会工作方针，按照依法聚财、科学理财、合理用财的工会财务管理思想，努力增强工会的经济实力，扎实做好工会财务与资产管理基础工作，合理分配和优化资金使用结构，妥善处理各种经济关系，不断推动工会财务工作改革创新，使工会财务工作能更好地适应社会主义市场经济的发展，为工会工作提供坚实的物质基础。各级工会定期研究工会财务工作，研究解决经费收缴、财务管理、资金使用中的重点和难点问题；进一步推动落实工会办公和开展活动等必要物质条件由同级政府或行政提供等规定；积极争取将送温暖、劳模管理等经费纳入同级财政预算或由单位行政列支；努力解决乡镇（街道）工会开展工作的经费问题，确保基层工会各项经费的足额到位；不断拓宽增收渠道，争取社会各界支持，提高工会多方筹集社会资金的能力。

（一）中国工会的经济实力进一步增强

拨缴经费收入是工会经费的主要来源。自 1978 年底恢复企事业单位及机关行政方面向工会拨缴经费以来，全国各级工会抓住社会主义市场经济建立和发展的有利机遇，把做好工会经费收缴工作作为工会财务工作的重中之重，全国总工会本级拨缴经费收入已实现了连续 40 年的稳步增长。

在收缴工会经费的工作中，各级工会通过改革，采取了许多好的办法和举措，并获得了许多行之有效的经验。一是以贯彻实施经修改的《工会法》为契机，立足于依法收好工会经费。各地工会结合本地区的实际，通过地方人大立法的方式出台地方性法规，发布《工会法》实施办法或实施细则，为落实工会经费的收缴提供法律武器；对拖延或拒拨工会经费的单位向法院申请支付令，进行强制划拨。二是积极疏通政策渠道，依靠社会力量，为收好工会经费提供良好的外部条件。通过与财政、银行、税务、统计、审计、工商联合发文，收好工会经费；对党政机关、科教文卫等地方财政预算内单位，采取财政直接划拨的办法；委托税务部门代收企业工会经费；对收缴经费作出贡献的工会系统以外的单位和个人，授予荣誉称号。三是采取制约措施促进收好工会经费。将按时、足额拨缴经费作为单位评先的必备条件；将基层工会足额上缴工会经费作为其取得工会社团法人资格的必备条件。否则，实行“一票否决”或取消申请社团法人登记资格。四是建立健全激励机制，调动县以上各级工会收缴经费的积极性。如全国总工会对省级工会实行《省级工会财务会计工作竞赛评比办法》；在县以上工会机关，推行收缴工会经费的目标责任制。五是加强工会经费收缴的监督检查工作。县以上各级工会经审会每年都组织力量开展查漏、补欠和收缴截留经费大检查。

在做好工会经费收缴工作的同时，各级工会开阔视野，挖掘潜力，在拓宽《工会法》规定的工会经费来源上做文章，通过多种渠道，为壮大工会实力筹集资金。全国总工会本级依法向同级政府有关部门申请应由政府承担的各项开支资金，积极争取国家给予工会的各项优惠政策，取得了国家财政及政府有关部门拨款，以及国家财税部门返还工会各项税收返还款等支持。各级工会在通过工会资产运营创造收入，以及向社会筹集资金等方面，也取得了一定成效。

（二）工会财务工作的改革与创新

社会主义市场经济体制建立以后，国家加快了财政、财会方面的改革步伐，陆续出台了一系列的政策、制度和办法，各级工会结合工会财务管理的实际情况对工会财务工作进行了大胆的改革和创新。

1. 工会经费使用方面。

各级工会认真执行国家财经政策和工会的各项财务制度，坚持工会经费正确使用方向，把大部分经费用在支持下级工会开展工会工作和为职工服务上。全国总工会本级经费直接用于下级工会补助的占本级经费总支出70%以上，体现了为下级工会服务的宗旨。各级工会通过对支出结构的分析，经过预算管理的改革，加大对下级工会的扶持力度，加大直接服务职工群众的支出比例。全国总工会的工会经费支出向西部地区工会、东北老工业基地工会倾斜，其各项经费补助优于其他地区。2004年，全国总工会进行了以“基数不变、超收增缴、统一使用、服务基层、多缴奖励、少缴抵拨”为主要内容的工会经费上缴办法的改革，实现了工会经费管理体制从上到下的整体调整，实现了大部分经费向西部地区、老少边穷地区、老工业基地工会的倾斜。

2. 工会会计制度方面。

自1999年1月1日起，工会系统开始执行一系列财务会计制度，包括《工会预算管理办法》《工会会计制度》《基层工会经费使用管理办法》《工会事业单位财务制度》《工会事业单位会计制度》，并印发了有关问题的解释和说明进行细化完善，取得了较好的效果。形成了具有工会特色、科学规范的管理型工会会计模式和运行机制。

3. 工会事业单位财务管理方面。

各级工会财务部门加强管理，逐步实现了工会事业单位预算管理与国家预算管理制度的统一，完成了事业单位会计制度与国家事业单位会计制度的接轨，促进了工会事业单位的市场化进程和财务工作的规范化管理。全国总工会开展了事业单位预算资金追踪问效工作，设计预算资金绩效评价考核工作程序和评价体系，逐步建立起规范的预算资金使用情况的考核办法，对预算资金使用情况进行全面分析评价，不断提高工会事业资金的使用效能。各级工会事业单位通过推进本单位预算管理改革，加强财会制度建设，约束和规范了本单位的财务行为，并通过科学合理地安排资金，改善经营管理，提高了社会效益和经济效益。

4. 工会预算制度改革方面。

各级工会按照全国总工会修订的《工会预算管理办法》，细化预算管理，逐步完善了预算管理体系，规范预算编制、执行和考核，完善了预算申报、审批和追加预算手续。在预算编制方面，坚持“统筹兼顾、保证重点；量入为出、收支平衡；真实合法、精细高效”的预算编制原则，科学合理地编制经费收支预算，提高预算编制准确性；在预算安排方面，积极采取有效措施，克服供需矛盾，合理安排预算，在财力允许情况下，将有限的工会经费主要用于维护职工权益和帮扶解困等重点工作，确保重点工作所需资金，逐步做到了收支平衡，略有结余；在预算执行方面，严格控制追加预算，确需追加必须按照规定程序报批，维护预算刚性约束。

（三）工会财务工作宏观政策环境的进一步改善

2001 年全国人民代表大会修改通过的《工会法》，明确工会经费和财产受法律保护，同时明确拒拨、漏拨工会经费是违法行为。为确保工会经费依法收缴与规范管理，财政部印制了《工会经费收入专用收据》。国家税务总局下发了《关于工会经费税前扣除的通知》，规定行政拨缴经费后，工会要开具收据，税务部门以此作为税前扣除的依据。这样做，一方面，按照《票据法》的有关规定实现了收费的规范管理；另一方面，可以防止基层工会所属的行政方面截留基层工会经费，免税的优惠政策也调动了行政方面拨缴经费的积极性。2003 年，财政部与全国总工会印发了《关于财政拨款的行政事业单位计拨工会经费有关问题的通知》，为党政机关和事业单位依法足额拨缴工会经费提供了政策支持。2005 年，全国总工会与国家税务总局联合下发的《关于进一步加强工会经费税前扣除管理的通知》，进一步明确了建立工会组织的企业、事业单位以及其他组织，每月按全部职工工资总额的 2% 向工会拨缴的工会经费在税前扣除，并要求各级税务部门和工会组织密切配合，共同做好工会经费收缴工作。

（四）工会财务工作管理水平进一步提高

1. 进一步建立健全了财务制度。

改革开放以来，全国总工会共制定和修订了几十项财务制度。其内容主要有：为了及时清理历史遗留的呆坏账，夯实工会的净资产，制定了《工会经费呆账处理办法》；为了做好清产核资工作，摸清家底，充分发挥工会资产的效能，制定了《工会资产年度统计办法》《工会固定资产管理办法》；为了防止破产企业工会财产流失，转发了《最高人民法院关于破产企业工会财产不属于破产财产的通知》；为了收好工会经费，加强票据管理，制定了《工会经费收入专用收据使用管理暂行办法》；为了做好全国总工会对下补助工作，规范申报程序，全国总工会制定了《关于申请银行贷款贴息、救灾慰问补助、工会事业借款的有关规定》；为了加强有关基金和专用经费的管理，全国总工会制定了《增收留成基金管理办法》《财务专用基金管理办法》《经审专用经费管理办法》；为了规范超收经费的管理，先后印发了《中华全国总工会关于超收经费管理试行办法》《中华全国总工会关于省级工会上缴经费考核奖励试行办法》《关于贯彻落实调整工会经费上缴办法的通知》《关于超收经费有关会计业务账务处理的通知》；为了强化工会经费独立核算，全国总工会办公厅印发了《关于依法做好工会经费独立核算工作的通知》，要求各级工会组织应当根据经费独立原则，单独开立账户，独立进行核算；为防止工会土地和资产流失，印发了《关于加强县以上工会占有使用土地资产管理的通知》，强化了对县以上工会土地使用权变更的审批程序。这些财务制度的出台，进一步规范了管理，提高了工作效率，缓解了财务管理中的矛盾，使工会财务工作步入了依法管理的轨道。

2. 促进了工会财务工作的科学化管理。

“十一五”期间，在全国总工会大力推动和广大工会财务人员积极参与下，各级工会财务部门普遍配备了财会专用电脑设备，全系统内70%以上单位采用了全国总工会开发的工会预算会计单位和事业单位财务软件进行会计核算工作，工会票据管理、工会资产普查分析工作均采用信息化管理，工会固定资产管理工作将逐步向网络化管理方向发展，全系统实现财会信息化管理，使工会财务管理和会计核算工作在质量和效率方面登上一个新的台阶。

3. 提高了工会财会干部队伍整体素质。

“十一五”期间，全国各级工会结合本地区实际情况，加强对财务工作的领导，对各级工会财务机构的设立和会计人员从业资格条件进行规范，财务部门通过举办培训班、召开专题研讨会、组织继续教育、编写工会财会工作教材等方式对专兼职财会人员开展了多层次、多形式、多渠道的轮训和专题培训工作，并通过工会会计学会和工会财会专业刊物、专业业务书籍进行理论研讨及工作交流，进一步补充和更新了人员专业知识，提高了财务管理水平，全国工会系统广大财务人员树立了恪尽职守、廉洁奉公、讲求实效的良好形象。

五、“十二五”期间全国工会财务工作的主要成绩

“十二五”期间，全国各级工会及广大财务工作者站在服

从服务党和国家大局和工会工作全局的高度，围绕中心、服务大局、服务职工、服务工会发展，以锐意进取、真抓实干的精神，广开财源，努力增收；以依法聚财、科学理财、民主管财和有效用财理念，不断改进和加强财务管理监督；以巩固完善新的工会经费收缴体制和大力推进财务管理规范化建设为重要抓手，确保了工会经费收入的稳步增长，财政补助工会资金大幅提升，支出结构不断优化，财务监督不断加强，为工会各项工作的顺利实施和工会事业的蓬勃发展，提供了强有力的资金和物质保障。

（一）各级工会财力进一步壮大

工会经费税务代收工作，已在全国绝大多数地区实施，这项工作得到了各地政府和工会的高度重视、国家税务总局的认可和各级税务机关的大力支持。2011 年，全国有 29 个省级总工会、323 个地级市总工会、2314 个县级总工会普遍开展了委托税务代收工会经费工作。工会经费收缴“一改三策”的改革，大大增强了各级工会的实力，工会经费中财政补助资金的比例逐年提高，2011 年各级地方政府给予工会的财政资金达 71.5 亿元。

（二）夯实基础，健全完善了工会财务会计制度体系

各级工会高度重视工会财务规范化建设，全国总工会以贯彻落实《工会会计制度》为契机，对现行的工会财务会计规章制度进行了全面修订，各省级工会结合本地实际制定了具体实施办法和实施细则，完善了各项财务规章制度。按照全国总工会财务规范化建设工作的要求，认真抓好本地区、本行业的规范化建设工作。许多省级工会领导亲自抓，成立财务会计规范化建设领导小组，组织领导本地区工会财务会计规范化建设工作的实施和检查。各级工会注重在机构建设、制度建设、会计核算、人才培训

等方面下功夫，健全完善财务会计内部控制管理体系，夯实基础，锻炼干部，为科学化、精细化管理创造条件。

（三）服务大局，为各项重点工作提供有力的经费保证

“十二五”期间，工会工作的任务越来越繁重。各级工会财务部门在坚持服务大局、保证重点、调整和优化支出结构上做文章，确保工会各项重点工作的资金需求。一是将工会经费支出向基层倾斜，大多数省级工会用于对下补助经费达到60%以上。二是把更多的资金用于工会重点工作，如“两个普遍”、协调劳动关系、开展劳动竞赛、职工教育培训、法律援助、困难职工帮扶送温暖、维护职工权益等。

（四）严格管理，促进财务工作管理水平的提高

各级工会通过严格预算、强化审核、监督执行、有效控制等手段，使财务管理水平全面提高。贯彻落实《工会预算管理办法》，实行工会全面预算管理，加强预算执行控制，提高各项资金使用效益。加强财政资金管理，保证财政专项资金使用绩效。开展所属单位财务检查，强化工会所属单位负责人财经法纪意识，加强工会企事业财务管理，堵住财务管理漏洞。推广应用《工会会计制度》核算软件，优化功能设计，实行会计核算电算化，工会财务工作上了一个新台阶。

六、工会改革以来工会财务工作取得新成效

2015年7月，中央召开党的群团工作会议，就改进和加强党的群团工作作出部署。中央党的群团工作会议结束后不久，中央决定在全国总工会开展中央群团机关改革试点。11月9日，习近平总书记主持召开中央全面深化改革领导小组第十八次会议，审议通过了《全国总工会改革试点方案》。在党中央坚强领导下，经过一年多的试点，各省级工会的改革陆

续推进。各级工会财务管理部门紧紧围绕党和国家工作大局与工会工作全局，坚持工会经费正确使用方向，进行了一些改革创新。

（一）工会财务管理不断创新

1. 上级工会对下级工会财务工作的领导不断加强。

通过制定政策、预（决）算审批、财务检查和专项督查等手段与措施，“统一领导、分级管理”的工会财务管理体制进一步得以落实，上级工会财务部门对下级工会的指导与服务得到加强，上下联动的工作机制逐步形成。

2. 全面预算管理的局面逐步形成。

《工会预算管理办法》实施以来，各级工会进一步强化了预算管理意识，预算编制不断科学、细化，预算执行不断严格、规范，全面预算管理的覆盖面不断扩大，工会预算支出绩效评价制度逐步建立。

3. 工会财务管理体制不断理顺。

按照统一管理的要求，全国总工会调整了工会资产的管理体制，将全部工会资产归口全国总工会资产监督管理部统一管理，解决了长期以来工会行政性资产与企事业资产分散管理的问题。

4. 工会经费分配机制进一步创新。

各级工会根据群团改革经费向基层倾斜的要求，逐步调整工会经费分成级次与分成比例，建立对下级补助实行项目管理的工作机制，工会经费调控能力进一步增强。

（二）工会财务保障能力显著增强

各级工会采取加大经费收缴力度、主动争取同级财政支持、建立工会资产收益制度等办法，多方筹集资金，工会财务保障能力显著增强。

（三）工会经费支出结构进一步优化

各级工会紧紧围绕党和国家工作大局和工会工作全局，牢牢把握工会经费的正确使用方向，压缩一般性支出和行政支出，优化工会经费支出结构，将工会经费更多地用于直接服务职工群众。2016 年 7 月，《中华全国总工会办公厅〈关于加大对乡镇（街道）、开发区（工业园区）工会和基层工会经费支持力度的若干规定〉的通知》，要求各省级工会将基层工会经费留成比例一律调整为不低于 60%，妥善解决了基层工会经费不足的“瓶颈”。

（四）工会财务管理制度体系不断健全完善

各级工会按照工会改革和财务管理规范化建设的要求，切实加强财务管理制度建设，工会财务管理制度体系不断完善。全国总工会印发了《关于对下补助实行项目补助管理的通知》，将全国总工会对下级工会的回拨补助、超收补助和专项补助合并为项目补助，实行项目化管理，由各省级工会按年申报项目经费补助。全国总工会还印发了《关于加强基层工会经费收支管理的通知》与补充通知，进一步规范基层工会经费的收支管理。同时，全国总工会先后两次印发《关于加强工会经费财务管理和审计监督切实管好用好工会经费的通知》和《关于加强工会财务管理、资产监督管理和经费审查审计监督的意见》，切实加强工会资金资产的监督管理，防止工会经费资产管理出现“漏洞”“黑洞”。

（五）财务监督不断加强

经常性财务监督检查是各级工会财务规范管理的重要保证。为加强各级工会财务管理，全国总工会先后开展了财务大检查、工会经费收缴使用管理情况专项督查，组成督查组对部分省级工会进行了重点督查。各省级工会按照全国总工会的统一安排，开展了多种形式的监督检查。通过财务检查，强化了各级工会财务管理的责任意识，纠正了一些不规范的财务行为，督促各级工会进一步健全完善了财务管理长效机制。

思考题：

1. 简述工会财务管理的内容和任务。

2. 中国工会财务工作有哪些特点？

3. 近年来，工会财务工作的进一步改革创新主要体现在哪些方面？

第二章　工会财务管理体制

第一节　工会财务管理体制的确定原则、特点和层级

了解中国工会财务管理体制的确定原则、特点和层级及其权限划分，是做好工会财务工作的前提和基础。每一名工会财务人员，都应当熟悉掌握工会财务管理体制的相关内容。

一、工会财务管理体制的确定原则

（一）工会财务管理体制的概念

工会财务管理体制是各级工会组织在财务管理上进行职责权限划分和财力分配的制度，是确立上级工会和下级工会之间、地方工会和产业工会之间、县以上工会和基层工会之间经济关系的制度。换言之，工会财务管理体制是工会在组织领导财务工作、处理各种经济关系时，划分财务管理层级、明确各层级的经费分成比例和职责权限、确定财务管理形式的基本制度。

（二）确立工会财务管理体制的意义

1. 可以明确划分工会财务管理层级。

通过划分工会财务管理层级，使工会组织体制与财务管理

体制相适应，既为各级工会组织履职尽责提供了经费保障，又保证了各级工会组织的健康稳定发展。

2. 可以合理划分各级工会的财务管理权限。

通过划分工会财务管理权限，明确管理职责、权利与义务，使工会组织事权与财权相统一，既可以使各级工会享有资金分配权和资金使用权，又可以调动各级工会的积极性和主动性，以更好地完成党和政府交给工会组织的各项任务。

3. 可以科学地确定各级工会经费分成比例。

确定工会经费分成比例是确立工会系统内部财政分配关系的重要手段。不仅涉及广大会员职工的切身利益，也关系到工会上下级组织之间、地方工会与产业工会之间、县以上工会和基层工会之间的经济利益关系。这些关系处理得如何，不仅直接影响工会各方面工作关系，也影响工会内部结构的稳定和协调。因此，工会经费分成比例的确定，是工会财务管理体制的核心问题。只有经费分成比例划分得合理，才能为理顺工会内部经济关系奠定基础，从而为完成工会财务管理任务创造有利条件。

（三）工会财务管理体制确定的原则

工会财务管理体制是涉及工会事权和财权统一的核心问题，事关工会组织稳定与职责履行。全国总工会根据全国工会组织层次多、覆盖面大的特点，提出工会财务实行“统一领导、分级管理”的原则。该原则在《中国工会章程》第三十七条进行了明确。

1. 统一领导原则。

统一领导就是全国总工会对全国各级工会的财务工作实行统一领导。全国总工会通过制定统一的工会财务工作方针政策和财务制度纪律，实行财务监督，来实现其领导职责。各级工会组织及其所属单位，要严格执行，自觉接受全国总工会的统一领导，保证工会组织的完整性和统一性；统一领导要求各级工会委员会（常委会）应当对财务工作实行集体领导，凡财务工作中的重大问题和重大开支项目要经集体研究决定。

2. 分级管理原则。

分级管理就是在全国总工会统一制定的财会工作政策、制度、纪律制约下，对地方总工会和按产业系统管理经费的产业工会，确定财务管理层级、经费分成比例以及各层级工会财务管理的职责权限。各级工会应按照规定，履行自己的职能，独立负责地开展财务管理工作。

分级管理的内容主要包括：按照工会层级，由各级工会管理本级各项经费；由各级编制本级预决算；按级向本级会员大会或会员代表大会和上一级工会报告经费收支情况和资产管理情况。

需要强调的是，分级管理不等于分散管理。各级工会的财务工作应由财务部门归口管理，以充分发挥财务部门的专业优势。归口管理就是财务部门统一组织、管理、协调工会财务工作。凡涉及工会与政府、行政的财务关系问题的，均应归口到财务部门与之对口处理；凡涉及工会财务体制及财务政策、规章制度方面的文件，均应由财务部门起草或审查，经主管领导和本级工会委员会（常委会）批准下达执行，其解释权限归口财务部门。未经财务部门同意，其他部门不得对财务问题作出规定和解释。各级工会的所有资金，均应由财务部门统一核算、统一管理。

3. 统一领导与分级管理的关系。

统一领导与分级管理是辩证统一关系。在工会财务管理体制中的具体表现为：统一领导是分级管理的前提，只有坚持统一领导，才能保证各级工会的均衡发展，才能保持工会组织的完整性和统一性；分级管理是统一领导的基础，只有坚持分级管理，才能充分发挥各级工会组织的积极性和主动性，保证全国总工会的集中统一领导。坚持分级管理，实际上就是工会财务工作的实事求是。

二、工会财务管理体制的特点

（一）“统一领导、分级管理”的工会财务管理体制是民主集中制在工会财务管理工作中的体现和运用

《中国工会章程》第九条规定，“中国工会实行民主集中制”。工会财务管理体制体现了民主集中制原则。“统一领导”是在“分级管理”基础上的“统一领导”，即全国总工会制定工会财务工作的方针、政策、规章制度，必须从“分级管理”的实际情况出发，适应各级工会的需要。“分级管理”是在统一的政策、规章制度制约下的“分级管理”，即各级工会在职权范围内有自主权，但必须执行全国总工会统一的政策和规定。二者互为条件，互相制约，相辅相成。

（二）工会财务管理体制与工会组织体制相统一是确立工会财务管理体制的重要原则

工会经费是工会组织一切工作的物质保证，工会财务工作是工会工作的重要组成部分，工会经费收缴使用管理是工会财务工作的重中之重。因此，划分工会财务管理层级，确定经费分成比例和财务管理权限，必须以工会组织体制为依据，考虑每级工会任务的多少和工作量的大小，事权在哪一级，财权也应放在哪一级，只有这样，才能更好地发挥工会财务的物质保障作用，促进工会组织和工运事业的发展。

（三）“统一领导、分级管理”是全局和局部的对立统一关系在工会财务管理上的实际体现

中国工会是为了工人阶级的整体利益而组织起来的。工会

财务工作的政策、规章制度，代表了工会的全局和整体利益，各级工会必须认真贯彻执行。由于我国幅员辽阔，工会组织体系复杂庞大，各地区、各产业、各行业工会千差万别，要求在全国总工会的统一领导下，充分发挥各级工会组织的积极性和主动性。也就是说，“统一领导”是从全局的高度出发，在政策上、制度上总领局部；“分级管理”是从局部的角度，服从于全局，并创造性地贯彻落实全局的决定。

三、工会财务管理层级

工会财务管理层级是根据工会组织体制划分的工会财务管理级次。为保证每一级工会组织正常开展工作，需要确定每一级工会组织的经费分成比例。

（一）工会财务管理层级的划分

《中国工会章程》第十一条规定，“中国工会实行产业和地方相结合的组织领导原则”。根据这一组织领导原则，全国工会财务管理层级分为五个层级。

1. 全国总工会为一级经费管理单位。

2. 省、自治区、直辖市总工会和按产业系统独立管理经费的全国性产业工会为二级经费管理单位，全国共 36 个。其中，31 个为省级地方工会；3 个为按产业系统实行垂直管理的全国性产业工会，即中华全国铁路总工会、中国民航工会和中国金融工会；2 个为中央机关工会联合会，即中直机关工会联合会、中央国家机关工会联合会。

3. 地市（州、盟）级总工会或垂直管理经费的省级产业工会为三级经费管理单位。

4. 县（旗、市）级工会或垂直管理经费的地市级产业工会为四级经费管理单位。

5. 基层工会为五级经费管理单位。基层工会是指企业、事业单位、机关和其他社会组织单独或联合建立的基层工会委员会。

（二）工会财务管理层级确定的几个特殊问题

1. 乡镇（街道）和开发区（工业园区）工会层级确定问题。

近年来，由于经济社会发展，行政区划变化，行政管理体制中出现了开发区、乡镇、街道等管理层级。全国总工会在推进这些层级相关单位的工会组织建设方面做了大量的工作，乡镇（街道）、开发区（工业园区）工会作为一种组织形式比较普遍。建立与其组织体制一致的财务管理体制十分迫切。

根据《中华全国总工会办公厅关于规范乡镇（街道）工会财务工作的意见》的规定，按照“统一领导、分级管理”的工会财务管理体制，乡镇（街道）工会应作为财务管理的一个层级。暂不作为一级预算管理单位的乡镇（街道）工会，由省一级工会根据自身情况，从实际出发，采取适当方式解决其经费来源，保证其开展工作必需的经费。

为进一步加强乡镇（街道）、开发区（工业园区）工会经费管理，2014年，全国总工会下发了《中华全国总工会办公厅关于加强和规范乡镇（街道）、开发区（工业园）工会经费管理的通知》，明确了乡镇（街道）、开发区（工业园）工会经费管理的具体要求。

（1）加强乡镇（街道）、开发区（工业园区）工会建设，在成立工会工作委员会、工会联合会、总工会等各个环节，保证相应的经费来源。县以上各级工会要加大对乡镇（街道）、开发区（工业园区）工会的经费投入力度，要按照权随责走、费随事转原则，通过转移支付、项目化管理、确定分成比例及定额补助等方式，把工会经费向乡镇（街道）、开发区（工业园区）工会倾斜。

（2）全国总工会在每年的对下补助中，安排专项资金用于乡镇（街道）工会，专项用于乡镇（街道）工会工作。

（3）各省、自治区、直辖市总工会要按照《全国总工会财务部关于省级以下各级工会经费分成比例有关事项的通知》的有关要求，自行确定所辖乡镇（街道）、开发区（工业园区）工会一级的经费分成比例。对尚不具备条件确定乡镇（街道）、开发区（工业园区）工会经费分成比例的，省级工会（市级工会、县级工会）应采取经费定额补助方式，对所辖乡镇（街道）、开发区（工业园区）工会每年给予专项补助。

（4）根据《工会法》和国家有关部委的规定，乡镇（街道）、开发区（工业园区）政府（管委会）应当为工会办公和开展活动提供必要的设施和活动场所等物质条件。乡镇（街道）、开发区（工业园区）工会的专职、兼职工会干部的工资、津补贴以及社会保障和其他福利待遇等，由乡镇政府、街道办事处、开发区（工业园区）政府（管委会）承担。

（5）乡镇（街道）、开发区（工业园区）工会要积极承接政府（管委会）转移职能和项目，争取政府（管委会）的财政补助、活动经费或专项经费，强化乡镇（街道）、开发区（工业园区）工会经费保障。

（6）乡镇（街道）、开发区（工业园区）工会要坚持工会经费服务工会工作和职工群众的方向，确保工会经费用于开展工会活动和用在职工身上，为职工群众办实事、做好事、解难事，让工会经费真正惠及职工群众和工会会员。乡镇（街道）、开发区（工业园区）工会的经费支出范围包括：为会员及其他职工开展教育、文体、宣传等活动产生的支出；直接用于维护职工权益的支出；培训工会干部、加强自身建设及开展业务工作发生的各项支出；聘用社会化工会工作者的支出；工会日常行政支出；对所辖基层工会的经费补助以及对基层兼职工会干部发放的补贴。

（7）乡镇（街道）、开发区（工业园区）工会要根据工会经费独立原则，开设独立的银行账户，实行工会经费独立核算。对尚不具备独立核算条件的乡镇（街道）、开发区（工业园区）工会，在其自愿的基础上，可实行由县级工会财务集中管理、分户核算的“上代下”会计核算模式。

（8）乡镇（街道）、开发区（工业园区）工会要认真贯彻落实《工会法》《中国工会章程》，以及全国总工会《工会预算管理办法》和《关于加强工会经费财务管理和审计监督切实管好用好工会经费的通知》精神，切实加强工会经费收支管理，做好年度经费预决算工作，严格控制工会经费开支，坚决制止奢侈浪费，合理有效地使用资金。各项开支实行集体领导下的一把手负责制，重大开支的集体研究决定。不准将工会经费用于服务职工群众和开展工会活动以外的开支。

2. 在一个省（自治区、直辖市）内有二级机构的大型联合企业工会与省级产业工会，经当地省级工会批准，作为三级经费管理单位。

3. 根据《中华全国总工会关于企业集团公司工会经费管理的规定》的有关规定，企业集团公司母公司工会的上一级财务管理部门是其所在地总工会。母公司工会的经费留成比例由省级总工会研究确定。母公司所在地的所属子公司工会直接受母公司工会的领导，子公司工会所提取的工会经费要按比例上缴给母公司工会，由母公司工会按省级总工会确定的分成比例向所在地总工会上解经费。母公司工会与所在地子公司工会之间的分配比例由公司确定。企业集团公司的母公司所属子公司在外地的，其经费管理，按属地原则，经费上缴渠道和上解比例不变。

4. 工会机关及直属事业单位，是以本级工会经费拨款或自身业务收入解决开支问题的，不参与经费分成，不单独算作一个财务管理层级。

四、工会经费分成比例划分

全国总工会规定，按照“统一领导、分级管理”的原则，基层行政方面向工会拨缴的经费，自下而上逐级上解形成各级工会的经费来源。

根据《关于省级以下各级工会经费分成比例有关事项的通知》的规定，省级以下各级工会（含基层工会）的经费分成比例，由各省级工会（含铁路、金融、民航产业工会）根据本地区（产业）实际情况自行确定。

为贯彻落实中央党的群团工作会议精神，按照《全国总工会改革试点方案》的要求，全国总工会对工会经费分成比例进行了进一步明确。2016 年 7 月，全国总工会印发了《中华全国总工会办公厅印发〈关于加大对乡镇（街道）、开发区（工业园区）工会和基层工会经费支持力度的若干规定〉的通知》，对全国各级工会经费分成比例作出了统一规定。

1. 全国工会经费全年经费收入的 95% 留在地方和基层工会，全国总工会本级集中 5%。

2. 基层工会的经费分成比例不低于 60%，现低于 60% 的，一律调整为 60%。

3. 各省级工会按照省以下各级工会经费分成比例由省级工会确定的原则，明确所辖乡镇（街道）、开发区（工业园区）工会的经费分成比例，报全国总工会备案。

第二节　工会财务管理的内容和职责

工会财务工作包括财务管理和会计核算。二者都是以工会组织的资金运动为对象，以发挥工会组织职能作用、维护工会组织稳定发展、提高工会经费资金使用效益为目的的经济管理活动。工会财务工作是工会整体工作的重要组成部分。

工会财务管理侧重于工会财务预测、财务决策，控制和参与工会内外部经济内容和经济关系的宏观调节。工会会计核算侧重于记录、反映和监督经济活动的过程及其成果。了解和掌握工会财务管理的内容，抓住工会财务工作的重点和核心，是做好工会财务工作的关键。

一、工会财务管理的内容

工会财务管理的内容主要包括预算管理、收入管理、支出管理、经费收缴、经费开支范围和原则、资产管理等。

（一）工会预算管理

工会预算是经一定程序核定的工会经费年度收支计划。工会预算管理是工会财务管理的重要内容。工会预算管理的主要内容包括以下几个方面。

一是健全完善工会预算管理制度。工会预算管理制度是规范和加强工会组织预算编制、审批、执行、监督管理的约束性规定。为加强各级工会的预算管理，进一步提高各级工会及事业单位的预算管理水平，2009 年 8 月，全国总工会制定了《关于印发〈工会预算管理办法〉的通知》。各省级工会根据《工会预算管理办法》制定了一系列实施办法，工会系统逐步建立了较为完善的工会预算管理制度体系。

二是加强预算编制管理。各级工会包括基层工会和各级工会所属事业单位，必须编制年度工会经费收支预算。预算编制应遵循“统筹兼顾、保证重点；收支平衡、真实合法”原则，全部收支均应纳入预算管理。按照“统一领导、分级管理”的原则，上级工会应加强对下级工会预算的审核、批复与监督。各级工会年度预算必须履行法定的审批程序。

三是加强预算执行管理。各级工会必须严格按照上级批准的预算做好预算执行工作，不得随意改变预算内容，不得截留、挪用专项预算资金，维护预算的刚性约束，严禁无预算、超预算支出。预算调整（调增或调减）必须按预算审批权限履行审批程序。落实中央八项规定及其实施细则精神，坚持厉行勤俭节约、反对奢侈浪费，严格控制一般性支出和“三公”经费支出。

四是加强预算绩效管理。各级工会编制工会预算时要牢固树立预算绩效意识，预算绩效目标设置要科学、合理、可量化，加强预算执行过程中预算绩效目标的监控，研究制定工会预算绩效指标体系与评价标准，组织开展预算绩效评价，统筹工会经费资金使用，盘活存量资金，提高工会预算资金使用绩效。

（二）工会经费收入管理

一是加强工会预算各项收入管理。工会组织的预算收入包括：会费收入、拨缴经费收入、上级补助收入、政府补助收入、行政补助收入、事业收入、投资收益和其他收入。各项收入均应纳入预算管理。各级工会要按照法定收入来源渠道依法组织好各项收入。

二是加强拨缴经费收入管理。各级工会切实履行工会组织经费收缴的主体责任，不断加大与税务、财政、银行等部门的协调沟通力度，努力扩大税务代收、财政统一划拨工会经费的覆盖面，建立健全《工会经费收入专用收据》管理制度并用好这一制度，任何单位不得违反规定转让、出借、代开、买卖专用票据，不得擅自扩大票据适用范围。

三是建立健全收入管理制度。各级工会应当合理设置岗位，明确相关岗位的职责权限，确保收款、会计核算等不相容岗位相互分离。各项收入应当由财务部门归口管理并进行会计核算，严禁设立账外账。业务部门应当在涉及收入的合同协议签订后及时将合同等有关材料提交财会部门作为账务处理依据，确保各项收入应收尽收，及时入账。财会部门应当定期检查收入金额是否与合同约定相符；对应收未收项目应当查明情况，明确责任主体，落实催收责任。财政票据、发票等各类票据的申领、启用、核销、销毁均应履行规定手续。

（三）工会经费支出管理

一是坚持工会经费使用进一步向基层倾斜。优化工会经费的支出结构，压缩行政支出和一般性开支。健全工会经费对下补助机制，对下级工会的补助实行项目管理，优化经费支出结构，加大经费向乡镇（街道）、开发区（工业园区）工会和基层工会倾斜力度，将更多的经费直接用于基层和职工群众。

二是建立健全支出管理制度。确定单位经济活动的各项支出标准，明确支出报销流程，按照规定办理支出事项。合理设置岗位，明确相关岗位的职责权限，确保支出申请和内部审批、付款审批和付款执行、业务经办和会计核算等不相容岗位相互分离。按照支出业务的类型，明确内部审批、审核、支付、核算和归档等支出各关键岗位的职责权限。加强支出审批控制。明确支出的内部审批权限、程序、责任和相关控制措施。审批人员应当在授权范围内审批，不得越权审批。财会部门根据支出凭证及时准确登记账簿；与支出业务相关的合同等材料应当提交财会部门作为账务处理的依据。

三是加强对外投资的管理。明确相关岗位的职责权限，确保对外投资的可行性研究与评估、对外投资决策与执行、对外投资处置的审批与执行等不相容岗位相互分离。对外投资应当由单位领导班子集体研究决定。加强对投资项目的追踪管理，及时、全面、准确地记录对外投资的价值变动和投资收益情况。建立责任追究制度。对在对外投资中出现重大决策失误、未履行集体决策程序和不按规定执行对外投资业务的部门及人员，应当追究其相应的责任。

四是加强工会经费用于建设项目的支出管理。各级工会应加强建设项目的可行性研究，健全完善项目决策机制。严格按照国家标准控制建设项目投资概算，加强项目建设过程的投资控制、结算审核。项目竣工后及时办理工程项目验收和项目竣工财务决算的审核，可委托具有相应资质的中介机构审核，并以此为支付工程价款的依据。

（四）工会财务管理制度建设

各级工会应当根据财务会计业务的需要，建立健全内部财务会计管理制度。其内容主要包括：收支预算、决算制度，货币资金管理制度，票据管理制度，财务收支管理制度，专项资金管理制度，债权债务管理制度，账务处理程序制度，内部会计控制制度，经费定额管理制度，财产清查制度，财务会计分析制度，岗位责任制度，会计档案管理制度等。

按照《行政事业单位内部控制规范》的要求，建立与实施内部控制，遵循全面性、重要性、制衡性和适应性原则。坚持内部控制应当符合国家有关规定和单位的实际情况的原则，并随着外部环境的变化、单位经济活动的调整和管理要求的提高，不断修订和完善。

二、工会财务管理的职责

1. 编制工会预算（含调整预算）、决算并上报上级主管工会审批。

2. 审批所属独立核算企事业单位的预算、决算，汇总所属企事业单位决算。

3. 按照预算积极组织各项收入，合理安排各项支出，办理各项核算业务，开展预算执行，保证预算任务的完成。

4. 指导、监督所属企事业或部门核算各项财务收支工作。

5. 定期向工会领导和上级工会报告工会预算执行情况，汇总上报决算报表。

6. 按照全国总工会、省级总工会的规定，及时、足额上缴工会经费。

思考题：

1. 简述工会财务管理体制的确定原则和特点。

2. 工会财务管理的层级是如何划分的？

3. 工会财务管理的内容和职责是什么？

第三章　工会经费收支预算和决算管理

第一节　工会经费预算管理

预算管理是工会财务管理的重要内容，了解工会预算的含义、原则及各层级的职责和权限等，是做好工会财务工作的基本条件。

工会预算是工会组织为了实现自身职能作用的发挥，有计划地筹集和分配工会资金的工具。它是根据党和国家有关方针政策和工会的年度工作计划编制的。为了贯彻落实党的十九大精神，深入学习习近平总书记关于工人阶级和工会工作的重要论述，落实中央党的群团工作会议精神，工会每年都要制订工作计划。为保证工会年度工作计划的完成，工会还必须编制与之相适应的预算。工会预算体现着党和国家有关的政策方针，反映着计划年度内工会工作的活动范围、规模和方向，它是工会工作计划的资金反映，也是实现计划的财务保证。

工会预算管理就是对工会预算的编制、审批、执行、调整过程进行的组织、指挥、监督、控制和协调工作。工会预算管理贯穿于工会预算编制和执行的全部过程，它是工会财务管理的主要组成部分，也是工会财务部门的一项经常性工作。

一、工会经费预算管理的含义

工会经费预算管理是指经一定程序核定的工会经费年度收支计划，是收好、管好、用好工会经费的重要手段，是工会财务管理的重要内容。各级工会和所属预算管理单位，必须按照工会预算管理办法，办理工会预算、决算。

根据《中华人民共和国工会法》《中华人民共和国预算法》《中华人民共和国预算法实施条例》，全国总工会于1999年1月1日重新颁布执行《工会预算管理办法》，2001年对《工会预算管理办法》有关条款进一步说明，作为全国各级工会和所属预算管理单位执行的依据。2009年8月14日，又对《工会预算管理办法》进行了全面修订，制定了新的《工会预算管理办法》。

根据“统一领导、分级管理”的工会财务管理原则，工会预算一般分为五级管理层级，即全国总工会、省级工会、市级工会、县级工会、基层工会。每级工会预算包括本级预算和单位预算。

本级预算是指各级工会本级次范围内工会经费收支（含所属建立预算管理关系的机关和单位）的总预算。

单位预算是指与本级预算有相关经费收支管理关系的工会机关、企事业单位的预算。县级以上（含县级，下同）工会对独立核算事业单位的补助及企事业单位按规定上缴的收益列入本级预算；未独立核算的事业单位，其收支要全额列入本级预算。

二、工会经费预算管理的原则及要求

工会预算的编制是工会预算管理工作的开始。工会预算编制得好坏，不仅关系到工会预算收支能否顺利实现，也关系到能否从财力上保证工会工作任务的完成和工会事业计划的实现。因此，正确编制工会预算是工会财务工作的一项基本任务。

为了保证工会预算的统一、完整、真实、准确，便于上级工会审核、汇总，工会预算管理的原则和要求如下。

1. 工会经费预算管理实行下管一级的原则。

2. 坚持统筹兼顾、保证重点，量入为出、收支平衡，真实合法、精细高效的原则。

3. 工会的年度预算应根据有关政策法规、上级工会要求和本年度工会工作计划的要求编制。本年度无重大支出项目，不得编制赤字预算。期末滚存经费结余不得出现赤字。

4. 预算收入的编制，要按照收入来源，充分考虑本年度各项变动因素，依法、真实、完整、合理地编制。预算支出的编制，要坚持勤俭节约，体现工会工作特点，要优化经费支出结构，把资金使用的重点安排在维护职工权益、为职工服务和工会活动方面。

5. 县级以上工会行政性支出预算，应参照同级政府的有关规定、制度、费用标准以及核定的人员编制编列。县级以上工会接受的财政补助资金要纳入预算管理，依据财政确定的开支范围专款专用。不得截留、挪用和改变资金用途。房屋建筑物购建、专项设备购置、大型修缮等预算，需附经有关专业部门论证的可行性工程项目论证报告、立项批复、开工许可等相关文件，按照工程进度及资金状况编制当年预算。列入地方基本建设或更新改造计划的工程项目，应附地方政府或相关部门文件。

各级工会用部分结余经费投资时，必须进行可行性经济分析论证，并提出书面报告，报职能部门审核，经工会委员会（常委会）讨论通过后，方可列入预算。

6. 县级以上工会预算，可在本级预算支出总额的5%以内编列预备费，用于当年难以预见的特殊开支。县级以上工会根据需要，可以从本级经费结余中安排一定数额的后备金作为储备，用于特殊情况下的资金需要。需要动用时，必须经过本级工会经费审查委员会审议，工会常委会批准，并报上级工会备案。县级以上工会应根据全国总工会规定提取工会干部权益保障金。

7. 预算年度自公历1月1日起至12月31日止。预算收支以人民币元为计算单位。

三、工会经费预算的管理职权

工会经费预算管理职权就是各级工会组织对工会预算的编制、审批、执行、调整过程进行的组织、指挥、监督、控制和协调工作的职责权限。

（一）本级预算管理职权

1. 编制本级预算、决算草案和预算的调整方案。

2. 审批下一级工会及本级所属单位的预算、决算，汇总本级及所属各级工会的决算。

3. 组织本级预算的执行，按规定程序办理预算调整。

4. 监督、检查下级工会和所属单位的预算执行情况。

5. 协调处理工会与同级政府财政部门或其他有关部门在工会预算管理方面的政策和经济关系。

各级工会财务部门是本级预算管理的职能部门，具体负责本级预算管理工作。

（二）单位预算管理职权

1. 编制本单位预算、决算草案。

2. 按照批准的预算，积极组织各项收入，合理安排各项支出，按照规定办理各项收支业务，及时、足额上缴应缴款项。

3. 指导、监督所属报销单位或内部核算单位的各项财务收支工作。

4. 定期向主管工会财务部门报告预算执行情况。

四、工会经费预算的收支范围

工会预算由预算收入和预算支出组成。

预算收入包括：会费收入、拨缴经费收入、上级补助收入、政府补助收入、行政补助收入、事业收入、投资收益和其他收入。

预算支出包括：职工活动支出、维权支出、业务支出、行政支出、资本性支出、补助下级支出、事业支出和其他支出。

五、工会经费预算的编制与审批

全国总工会预算草案，经全国总工会经费审查委员会审查后，由全国总工会书记处批准后执行。

各级工会的本级预算草案，由各级工会财务部门编制，经工会委员会（常委会）讨论通过，并经本级经费审查委员会审查通过后，报上一级工会审批或备案。上一级工会有权提出修订预算的意见和要求，下级工会根据提出的意见和要求调整预算。依靠本级工会供给经费的工会机关及所属独立核算事业单位的预算草案由本级工会审批。

1. 各省级工会的本级预算（附工会机关预算），应在3月15日前报送全国总工会审批，全国总工会应于30个工作日内及时批复。

2. 市级以下（含市级）工会本级预算的报批时间，由省级工会确定。

六、工会经费预算的执行与调整

1. 各级工会预算由本级工会委员会（常委会）组织执行，具体工作由本级工会财务部门负责。

2. 各级工会应按照预算确定的任务积极组织收入。

3. 各级工会要按照全国总工会、省级总工会的规定及时、足额拨缴工会经费，不得截留、挪用。

4. 各级工会预算在批准之前只能开支必要的基本费用及帮扶、送温暖等支出。建设工程、设备工具购置、大型修缮和信息网络购建等费用一般不得开支，因特殊原因必须提前开支的，仅限于日常经费，须经工会委员会（常委会）或主席办公会议同意。预算批准后，按照批准的预算执行。

5. 各级工会应根据年度支出预算和用款计划拨款。不得办理超预算、超计划的拨款，不得越级办理预算拨款。

6. 各级工会要加强预算支出的管理，严格执行预算和财务制度，不得擅自扩大支出范围，提高开支标准，不得以领代报，不得擅自改变预算资金用途。建设工程、设备工具购置、大型修缮和信息网络购建等支出，应经有关专业部门审核后执行。

7. 各级工会要严格控制行政支出，专项资金必须专款专用。应纳入集中采购范围内的支出，按有关规定办理。

8. 各级工会预算在执行过程中，发生项目改变或追加项目，经有关部门审核，报工会委员会（常委会）或主席办公会议同意后，在预算内调整或动用预备费。

9. 各级工会预算在执行过程中，遇特殊情况，预算收支总额需要增减变动时，应当编制预算调整方案，每年以一次为限，其编制、审批与预算编制审批程序相同。

10. 各级工会财务部门负责监督检查下级工会和本级工会所属单位预算的执行。

11. 各级工会的预算、决算要接受同级工会经费审查委员会的审查审计监督。预算执行情况要接受上一级工会经费审查委员会的审计监督。

第二节 工会决算管理

一、工会决算的含义

工会决算是工会经费收支预算的执行结果，是各级工会在年度终了，根据上级工会决算编审要求，在日常会计核算的基础上编制的、综合反映本单位预算执行结果和财务状况的总结性文件。各级工会应按上级工会的要求编制年度决算。决算未经批准，称为决算草案。

二、工会决算管理的主要内容

工会决算管理的主要内容包括：决算的工作职责、报表设计、编制审核、汇总报送、批复、分析利用、数据资料管理以及对工会经费决算的考核评价等方面。

（一）工会决算职责

工会决算分为县以上各级工会决算和基层工会决算。

县以上各级工会决算包括：本级决算和单位决算。本级决算是县以上各级工会本级次范围内工会经费收支（含所属建立预算管理关系的机关和单位）的总决算。单位决算是指与县以上各级工会的本级决算有相关经费收支管理关系的工会机关、企事业单位和社会团体的决算，分为工会机关决算、工会所属事业单位决算、工会所属企业决算和工会所属社会团体决算。

基层工会决算是指基层工会经费收支范围内（含所属建立

预算管理关系的单位）的总决算。包含基层工会所属建立预算管理关系的事业单位决算、企业单位决算和社会团体决算。

工会决算工作组织管理的目的是通过建立工会经费决算报告制度，收集汇总各级工会财务收支、资金来源与运用、资产与负债、机构、人员等方面的基本数据，全面、真实地反映各级工会财务状况和预算执行结果，满足上级工会和国家财务会计监管、各项资金管理以及宏观经济决策等信息需要。

工会决算工作按照“科学、规范、统一、高效”的原则，由各级工会财务部门实施统一管理，各本级工会依据预算管理关系或财务管理关系分别组织实施。

全国总工会是工会决算的主管部门，其职责主要是：(1) 制定工会决算管理的规章制度；(2) 制定全国统一的工会决算报表体系及工会经费决算软件，明确报表格式要求和填报口径，组织和指导全国工会经费决算报表及软件的布置与培训；(3) 组织和指导全国工会决算的收集、审核、汇总和报送工作；(4) 组织和指导全国工会决算批复工作，负责批复全国总工会本级所属企事业单位决算；(5) 组织和指导全国工会决算信息公开工作；(6) 组织和指导全国工会决算数据的分析利用；(7) 组织和指导全国工会决算数据质量监督检查；(8) 建立和管理全国工会决算数据库；(9) 组织和指导全国工会决算考核评价工作。

本级工会负责组织实施本级工会决算的管理工作。其职责主要是：(1) 组织和指导本级工会（含所属建立预算管理关系的机关和单位，下同）决算报表及软件的布置与培训；(2) 组织和指导本级工会决算的收集、审核、汇总和报送工作；(3) 组织和指导本级工会决算批复工作，负责批复本级决算；(4) 组织和指导本级决算信息公开工作；(5) 组织和指导本级决算数据的分析利用；(6) 组织和指导本级决算数据质量监督检查；(7) 建立和管理本级决算数据库；(8) 组织和指导本级决算考核评价工作。

单位决算应当按照全国总工会和上级工会的要求，组织实施单位决算管理工作，并对本决算数据的真实性、完整性负责。其职责主要是：（1）组织单位决算的布置与培训；（2）组织和指导单位决算的收集、审核、汇总和报送工作；（3）负责单位决算信息公开工作；（4）组织单位决算数据的分析利用；（5）组织本单位决算数据质量监督检查；（6）建立和管理单位决算数据库；（7）组织本单位决算考核评价工作。

（二）工会经费决算报表

工会决算报表体系由四部分组成，具体包括：基础数据表、填报说明、分析表和分析报告。

1. 基础数据表主要反映工会经费收支预算执行结果、资产负债、人员机构、资产配置使用以及事业发展成效等信息，包括：报表封面、主表、附表和补充资料表。

2. 填报说明是对基础数据表编报相关情况的说明，包括：工会基本情况、数据审核情况、年度主要收支指标增减变动情况，以及因重大事项或特殊事项影响决算数据的情况说明等。

3. 分析表通过设定的表样和自动提数功能，对工会经费决算重要指标进行分析比较，揭示工会经费预算执行、会计核算和财务管理等方面的情况和问题。

4. 分析报告根据分析表中反映的问题和收支增减变动情况进行分析，重点分析工会经费预算执行情况、资金使用情况、财务状况以及单位主要业务和财务工作开展情况等。

在保持工会经费决算报表体系连续性和可比性的前提下，全国总工会每年根据财务管理要求，对工会决算报表进行适当调整。

（三）工会经费决算编制

1. 本级决算和单位决算应当在全面清理核实收入、支出、资产、负债，并办理年终结账的基础上编制。必须符合法律法规，按照工会、事业、企业财务会计制度规定及上级工会对决算及时清理收支账目、往来款项，核对年度预算收支和各项缴拨款项。各项收支应当按规定要求进行年终结账，做到收支数字准确，内容完整，报送及时。

2. 应当如实反映年度内全部收支，不得隐匿收入或虚列支出。凡属本年的各项收入应当及时入账。属于本年的各项支出，应当按规定的支出渠道如实列报。

3. 应当根据登记完整、核对无误的账簿记录和其他有关会计核算资料编制决算，做到数据真实正确、内容完整，账证相符、账实相符、账表相符、表表相符。

4. 跨年度的基本建设工程，决算前按年度拨出数编报，最后年度工程竣工后，经具有相应资质的社会中介机构审核确认，按审核确认数扣除以前年度决算数后的余额，编制年度决算。

（四）工会决算审核

1. 决算草案的审批程序与预算草案审批程序相同。

2. 各级工会应当认真做好工会决算审核和汇总工作，确保报送数据资料真实、完整、准确。

3. 工会决算审核的主要内容如下。(1) 审核编制范围是否完整，是否有漏报和重复编报现象。(2) 审核编制方法是否规范，是否符合财务会计制度及部门决算的编制要求。(3) 审核编制内容是否真实、完整、准确，决算报表表内、表间勾稽关系是否衔接，报表数据与单位会计账簿数据是否相符，是否有漏报、重报、错报项目以及虚报和瞒报等现象，工会决算纸介质数据与电子介质数据、分户数据与汇总数据是否一致。(4) 审核决算数据年度间变动是否合理，变动较大事项是否附有相关文件依据。(5) 审核填报说明和分析报告是否符合决算编制规定。(6) 审核方法主要包括政策性审核、规范性审核等。

政策性审核主要依据工会经费预算、现行财务会计制度和有关政策规定，对工会决算进行审核；规范性审核侧重于决算编制的正确性和真实性及勾稽关系等方面的审核。工会决算审核应当适当采取计算机审核方式进行。（7）工会经费决算的审核方式可根据实际情况采用自行审核、集中会审、委托审核等多种形式。一是自行审核：各级工会在报送工会决算前自行将本工会经费纸质报表、电子介质数据以及相关资料，按规定的审核内容进行逐项审核。二是集中会审：各级工会组织专门力量对本地区工会编制的决算纸质报表、电子介质数据以及相关资料，按照相关的标准及要求集中进行审核。三是委托审核：各级工会在遵循有关法律法规的前提下，可委托中介机构对本地区经费编制的决算纸质报表、电子介质数据以及相关资料进行审核。（8）各级工会应当认真做好工会决算审核工作，凡发现决算编制不符合规定，存在漏报、重报、虚报、瞒报、错报以及相关数据不衔接等错误和问题，应当要求有关单位立即纠正，并限期重新报送。

（五）工会决算汇总与报送

1. 年度终了，各级工会应当按照上级工会的工作部署，在规定的时间内编制和报送决算。省级工会的本级决算，应在 3 月 15 日前报送全国总工会审批，全国总工会应于 30 个工作日内及时批复。市级以下（含市级）工会决算的报批时间，由省级工会确定。各级工会的决算，应按上级工会的要求逐级汇总上报。

2. 工会决算应当按照工会财务管理体制和预算管理关系，采取自下而上方式，逐级汇总报送。

3. 各级工会应当对所属事业单位上报的决算报表和下级工会决算报表进行汇总，并对补助下级支出和上级补助收入进行调整和剔除后，形成本级工会决算汇总报表。

（六）工会决算分析利用

1. 各级工会应当加强对工会决算数据的分析，强化决算分析结果的反馈和运用，规范和改进工会财务管理。

2. 通过工会决算数据分析和实地调研，及时发现预算编制和预算执行中存在的问题，建立健全预算与决算相互反映和相互促进的工作机制；揭示财务管理与会计核算中的问题，规范工会财务管理与会计工作。

3. 工会经费决算分析的主要内容包括：预算与决算差异分析；收入、支出、结余年度间变动原因分析；工会经费使用效益分析；工会资产、负债规模与结构分析；机构、人员及人均情况对比分析；以及满足工会财务管理与宏观经济决策需要的各项专题分析等。

4. 各级工会应当综合运用多种方法进行分析，主要包括：分类比较法、趋势分析法、比率分析法、因素分析法等。分类比较法可分预算管理级次、分单位性质等进行分析；趋势分析法可对主要指标的年度变化和发展趋势等进行分析；比率分析法可对指标结构比率、效益比率和人均比率等进行分析；因素分析法可对财务指标或经济指标变动中各因素的影响程度进行分析。

5. 各级工会应当逐步建立工会决算评价指标体系。工会决算评价指标体系主要内容包括：预算约束力评价、收入支出结构评价、工会经费项目资金使用情况评价、工会经费人员控制及收支合理合规性评价、人均收支结余情况评价等。各级工会应当合理设置评价指标，分类排序指标信息，科学使用评价结果。

6. 各级工会应当充分利用计算机、网络等方式，推动工会决算数据共享工作，提高决算数据的利用效率。

（七）工会经费决算数据质量监督检查

1. 各级工会汇总的工会决算报送后，各级工会应当组织对所报送的工会决算的真实性、完整性和规范性进行监督检查。

2. 工会决算数据质量监督检查工作采取“统一管理、分级实施”原则，全国工会决算数据质量监督检查工作由全国总工会组织实施，各级工会决算数据质量监督检查工作由各级工会按照统一的工作要求分级组织实施，各级工会所属企业事业单位和社会团体决算数据质量监督检查由本级工会组织实施。

（八）工会决算数据资料管理

1. 工会决算数据资料包括以各种介质存放的各类决算报表、填报说明、分析报告、考核评价材料等。

2. 各级工会应当严格按照《会计档案管理办法》，对本级工会收集的工会决算数据资料进行归类整理、建档建库，并从计算机中传出备份保存。

3. 各级工会财务部门应当指定专门机构对工会决算数据资料进行管理和维护，配备必要的计算机技术人员，明确管理职责。

4. 工会决算数据资料涉及国家秘密的，各级工会应当严格实行密级管理。

5. 各级工会应当做好工会经费决算信息服务工作。各级工会向有关单位提供工会决算汇总数据资料，应当有需求方公函请求，并报经有关领导批准后提供。

第三节　工会全面预算管理的要求

全面预算管理是工会财务管理的新要求，是工会财务改革的方向。各级工会要牢固树立法治观念，切实增强依法理财的意识，运用法治思维、法治方式解决问题，严格按照《工会预算管理办法》的要求，结合国家新修订的《预算法》的有关规定，准确把握全面预算管理的基本要求，大力推进工会全面预算管理。

一、坚持预算层级全覆盖

按照“统一领导、分级管理”的管理体制，工会预算一般分为五级管理，即全国总工会、省级工会、市级工会、县级工会和基层工会，实行下管一级。也就是说，县级工会负责审核、批复县以下基层工会预算，并汇总、上报主管市级工会；市级工会负责审核、批复县级工会预算，并汇总、上报主管省级工会；全国总工会负责审核、批复全国工会系统的工会经费预算。这样坚持做到每个预算层级都纳入预算管理和审批范围。

二、坚持预算单位全覆盖

工会预算包括本级预算和单位预算。本级预算是指各级工会本级次范围内工会经费收支的总预算，单位预算则是指与本级预算有相关经费收支管理关系的工会机关、企事业单位的预算。也就是说，县级工会预算不仅包括县级工会本身的预算，还包括县直属企事业单位的预算和与县级工会有经费收支管理关系的基层工会经费预算。

为依法全面加强对全国总工会本级企事业单位财务管理，全国总工会制定了《中华全国总工会办公厅关于印发〈全总本级企事业单位财务管理若干规定〉的通知》，全国各级工会应按照该通知要求，对工会所属企事业单位从五个方面加强全面预算管理。

一是逐步建立工会所属企事业单位财务状况报告制度。以便掌握本级各企事业单位资产总额、固定资产原值、负债总额、借款数额、收入总额、各级各类财政补助收入、工会经费补助收入及利润总额（结余）、财务计划和本单位财务状况、经营成果和现金流量。二是坚持统收统支。将全部收支纳入本单位财务账户统一进行管理和核算，并将管理情况上报本级工会。三是法人负责。各企业法人代表及事业单位负责人对本单位财务状况和经营成果、会计工作和会计资料的真实性、合法性负全部责任。四是严格预算。各企事业单位要合理编制、如实反映，依法组织收入，努力节约支出，严格控制预算追加。五是加强财务监督。本级工会要认真做好企事业单位的财务监督检查工作，对直属企事业单位的工会经费拨款使用情况进行财务监督管理，保证各类资金安全。

三、坚持预算收入全覆盖

坚持各级工会的预算收入分类管理。实现会费收入、拨缴经费收入、上级补助收入、政府补助收入、行政补助收入、事业收入、投资收益和其他收入各类收入的预算管理。各级工会动用工会经费结余资金，必须作为一项重大事项履行“三重一大”决策程序，也要纳入收支预算管理。

四、加强支出预算管理

加强工会经费预算编制的管理，严格执行《工会预算管理办法》和《基层工会经费收支管理办法》，凡是工会经费收支必须全部统一纳入预算管理，制定预算必须经同级经审会审查通过。各级工会预算一经批复，原则上不得调整，确因特殊原因需要调整的，必须依据预算批准程序履行审批手续。严禁无预算、超预算支出。从严从紧控制追加预算，切实维护预算执行的严肃性，保证工会资金安全。

细化预算内容，要参照财政预算基本支出定员定额管理的做法，积极推进工会经费基本支出预算定员定额管理；项目支出坚持勤俭高效、科学合理原则，努力提高预算编制的科学性、准确性和完整性。加强预算执行管理，硬化预算执行约束。建立健全覆盖所有工会经费和财政补助资金运行全过程的监督机制。

五、始终坚持工会经费正确使用方向

各级工会要认真贯彻《工会法》和《中国工会章程》，优化工会经费支出结构，严格控制一般性支出，坚持重心下移，将工会经费支出重点向基层倾斜，完善工会经费对下补助体制，对下项目补助资金要更多用于工会重点工作，确保大部分经费用于服务职工。对于各级财政用于困难职工帮扶的资金、劳模“三金”等专项资金，要严格规范管理，确保专款专用，决不允许任何转移、截留、挪用、改变资金用途等违法违纪违规问题的发生。

严格控制“三公”经费支出。坚决贯彻落实中央八项规定精神，以及《党政机关厉行节约反对浪费条例》和《党政机关国内公务接待管理规定》，发扬艰苦奋斗、勤俭节约的优良传统和作风，在经费使用上精打细算，严格执行会议、出差、公务接待等相关规定，严格执行集中采购制度，严禁将工会经费用于请客送礼、大吃大喝、旅游健身等，严禁以各种名义年终突击花钱和滥发津贴、补贴、奖金、实物，严禁报销与公务活动无关的费用，严禁将工会账户并入单位行政账户，严禁单位行政将相关资金转入工会账户，作为单位的“小金库”支配使用。

六、加强工会经费收支决算管理，建立和完善工会决算报告制度

全国总工会和各级工会要逐步建立和完善工会经费财务决

算报告制度，按年度汇总全国工会系统工会经费收支决算。了解掌握全国各级工会经费收、管、用情况。各省级工会要完整、准确汇总本地区或本产业、本系统工会经费收支决算，基层工会要按照工会经费财务决算报告制度的要求，及时、准确、完整地编报本单位年度收支决算。各级工会财务管理工会经费要按照全国总工会的部署，积极推进包括工会经费预、决算管理在内的工会财务信息化建设。

第四节　工会预算绩效管理的要求

工会预算绩效管理是将绩效管理理念、绩效管理方法融入工会预算管理的全过程，使之与预算编制、预算执行、预算监督一起成为工会预算管理的有机组成部分。工会预算绩效管理是一种以工会经费支出结果为导向的预算管理模式，以绩效目标的实现为导向，以绩效运行监控为保障，以绩效评价为手段，以评价结果应用为关键的综合系统。其目的是逐步建立“预算编制有目标、预算执行有监控、预算完成有评价、评价结果有反馈、反馈结果有应用”的工会预算绩效管理机制。

一、工会预算绩效目标管理

绩效目标是预算绩效管理的基础，绩效目标管理包括绩效目标的设定、绩效目标的审核以及绩效目标的批复。绩效目标包括绩效内容、绩效指标和绩效标准，其设定要与部门目标高度相关。工会财务部门要依据全国总工会相关政策、资金支出方向和重点、部门职能等对预算单位提出的绩效目标进行审核，包括绩效目标与部门职能的相关性、绩效目标的实现所采取措施的可行性、绩效指标设置的科学性、实现绩效目标所需资金的合理性等。按照工会预算管理实行下管一级的原则，各级工会财务部门在预算批复中同时批复绩效目标。批复的绩效目标应当清晰、可量化，以便在预算执行过程中进行监控和预算完成后实施绩效评价时对照比较。

二、工会预算绩效运行监控

绩效运行监控是预算绩效管理的重要环节。各级工会预算单位要建立绩效运行跟踪监控机制，定期采集绩效运行信息并汇总分析，对绩效目标运行情况进行跟踪管理，跟踪监控中发现绩效运行目标与预期绩效目标发生偏离时，要及时采取措施予以纠正。

三、绩效评价实施

预算支出绩效评价是预算绩效管理的核心。预算执行结束后，及时对预算资金的产出和结果进行绩效评价，重点评价产出和结果的经济性、效率性和效益性。实施绩效评价要编制绩效评价方案，拟订评价计划，选择评价工具，确定评价方法，设计评价指标。具体执行单位要对预算执行情况进行自我评价，提交预算绩效报告，要将实际取得的绩效与绩效目标进行对比，如未实现绩效目标，须说明理由。组织开展预算支出绩效评价工作的单位要提交绩效评价报告，认真分析研究评价结果所反映的问题，努力查找资金使用和管理中的薄弱环节，制定改进和提高工作的措施。

四、绩效评价结果应用

绩效评价结果的应用是预算绩效管理全部工作的落脚点。各级工会应将绩效评价结果及时反馈给预算具体执行单位，根据绩效评价结果，完善管理制度，改进管理措施，提高管理水平，降低支出成本，增强支出责任；将绩效评价结果作为改进预算管理和安排以后年度预算的重要依据，优化资源配置；将绩效考评结果向同级职工代表大会报告，为开展工会工作提供参考，并可作为问责的重要依据。逐步提高绩效评价结果的透明性，对一些社会关注度高、影响力大的重点项目绩效评价结果应当按照信息公开的有关规定在一定范围内公开。

开展工会预算绩效管理工作对于改进工会预算管理、强化支出责任，优化资源配置、控制节约成本、提高工会服务质量有着重大意义，发挥着重要作用。

首先，通过工会预算绩效管理，加强工会经费支出效果分析，及时发现问题，调整和优化工会经费支出结构，加大工会经费对基层工会的投入，对职工群众需要的投入，对工会重点工作的投入，最大限度地满足基层工会和职工群众的需要，增强工会组织的政治性、先进性、群众性，贯彻落实中央对于工会工作的重大部署。

其次，通过工会预算绩效管理，对工会经费投入的成本和产生的效果进行科学衡量和效益预测，加强对工会组织支出行为的约束与激励，有效提高工会经费的使用效果，不断改进完善工会财务管理方法，实现工会财务管理精细化、科学化，促进工会财务管理水平的提高。

再次，通过工会预算绩效管理，各级工会组织可以及时分析评价工会经费支出、工会经费分配的合理性、合规性和有效性，了解工会经费支出在各重点工作领域和项目中所起的作用，评价工会经费支出产生的直接经济效益，以及对劳动关系和社会经济活动所产生的影响，总结工会经费支出管理的经验和教训，更大限度地为工会经费有效投入提供参考依据，切实提高工会财务决策水平。

最后，通过工会预算绩效管理，关注预算资金的产出和效果，强调预算支出的责任和效率，有助于加强预算支出执行管理，提高预算支出的及时性、均衡性和有效性，对各项预算资金的追踪问效，扭转了当前预算管理中重收入、轻执行，重分配、轻管理，重使用、轻效益的倾向，有助于破解预算编制缺乏科学性，预算支出结构不合理，执行随意性大，管理监督职能弱化等问题。

全国总工会高度重视工会预算支出绩效管理工作。2016 年 1 月，印发了《工会预算支出绩效评价管理暂行办法》，对工会预算支出绩效评价的对象和内容、绩效目标、绩效评价指标及方法、绩效评价的组织管理、绩效评价工作程序、绩效自评报告和绩效评价报告、绩效评价结果及其应用做出了明确的规定。《工会预算支出绩效评价管理暂行办法》是工会开展预算绩效管理的指导性文件，是落实《工会预算管理办法》有关“预算安排的项目要逐步实行绩效考评制度”的具体化措施。

工会预算支出绩效评价是指各级工会根据设定的绩效目标，运用科学、合理的绩效评价指标、评价标准和评价方法，对预算支出的经济性、效率性和效益性进行客观、公正的评价。实行本级预算管理的工会，实行单位预算管理的工会机关、工会企事业单位是绩效评价的主体。绩效评价的对象是纳入工会预算管理的资金，以项目支出为主，评价一定金额以上、与工会重点工作密切相关的、具有社会经济影响的项目，是在业务支出、资本性支出、补助下级支出和事业支出等科目中预算安排的项目支出。

工会预算绩效评价应当遵循以下基本原则。

（1）科学规范原则。绩效评价应当严格执行规定的程序，按照科学可行的要求，采用定量与定性分析相结合的方法。

（2）公正公开原则。绩效评价应当符合真实、客观、公正的要求，依法公开并接受监督。

（3）分级分类原则。绩效评价由各级工会根据评价对象的特点分类组织实施。

（4）绩效相关原则。绩效评价应当针对具体支出及其产出绩效进行，评价结果应当清晰反映支出和产出绩效之间的紧密对应关系。

工会预算绩效评价的主要依据包括：国家相关法律、法规和规章制度，工会工作的目标任务，预算管理制度、资金及财务管理办法、财务会计资料，预算资金的使用部门（单位）职能职责及年度工作计划，申请预算时提出的绩效目标及预算批复，年度预算执行情况，年度决算报告，审计报告，财务监督检查报告，其他相关资料等。

工会预算绩效评价的基本内容包括：绩效目标的设定情况，资金投入和使用情况，为实现绩效目标制定的制度、采取的措施，绩效目标的实现程度及效果等。

工会预算绩效目标是绩效评价的对象在一定期限内达到的产出和效果，是实施绩效评价的主要依据。绩效目标应当包括以下主要内容：预期产出，预期效果，达到预期产出所需要的成本资源，衡量预期产出、预期效果和服务对象满意程度的绩效指标，其他因素等。绩效目标的设置要符合工会工作的目标任务、预算资金使用部门（单位）的职能职责及年度工作计划并与相应的工会预算支出范围、方向、效果紧密相关。绩效目标应当从数量、质量、成本和时效等方面进行细化，尽量进行定量表述，不能以量化形式表述的，可以采用定性的分级分档形式表述。制定绩效目标时要经过调查研究和科学论证，目标要符合客观实际。

工会绩效评价指标分为共性指标和个性指标。共性指标是适用于所有评价对象的指标，包括预算编制和执行情况，财务管理状况，资产配置、使用、处置及其收益管理情况以及社会效益、经济效益等。个性指标是针对预算部门或项目特点设定的，适用于不同用款单位或部门和项目的业绩评价指标。共性指标由财务部门统一制定，适用于所有评价对象。个性指标由财务部门会同用款单位或部门制定。

工会绩效指标由全国总工会提供参考模板，绩效评价指标的确定应当遵循以下原则。

（1）相关性原则。应当与绩效目标有直接的联系，能够恰当地反映目标的实现程度。

（2）重要性原则。应当优先使用最具评价对象代表性、最能反映评价要求的核心指标。

（3）可比性原则。对同类评价对象要设定共性的绩效评价指标，以便于评价结果相互比较。

（4）系统性原则。应当将定量指标与定性指标相结合，系统反映工会预算支出所产生的社会效益、经济效益、环境效益和可持续影响等。

（5）经济性原则。应当通俗易懂、简便易行，数据的获得应当考虑现实条件和可操作性，符合成本效益原则。

工会预算绩效评价方法的选用应当坚持简便有效的原则，主要采用成本效益分析法、比较法、因素分析法、最低成本法、公众评判法等。根据评价对象的具体情况，可采用一种或多种方法进行绩效评价。

工会预算绩效评价工作包括确定绩效评价对象，下达绩效评价通知，确定绩效评价工作人员，制订绩效评价工作方案，收集绩效评价相关资料，对资料进行审查核实，综合分析并形成评价结论，撰写与提交评价报告，建立绩效评价档案等工作程序。

工会预算绩效评价工作可委托专家、中介机构等第三方实施，具体工作由工会财务部门或相关职能部门统一安排，确定绩效评价的项目、绩效目标的提出设定与预算安排同步进行。

工会经费的具体使用单位或部门提交绩效自评报告。实行本级预算管理的工会，实行单位预算管理的工会机关、企事业单位，开展绩效评价并撰写绩效评价报告。绩效自评报告和绩效评价报告的具体格式由全国总工会提供参考模板。

各级工会应当及时整理、归纳、分析、反馈绩效评价结果，并将其作为改进预算管理和安排年度预算的重要依据。对绩效评价结果较好的，本级工会予以表扬或继续支持。对绩效评价发现问题、达不到绩效目标或评价结果较差的，本级工会可予以通报批评，并责令其限期整改。不进行整改或整改不到位的，应当根据情况调整项目或相应削减项目预算，直至取消该预算支出。绩效评价结果应当按照信息公开的有关规定在一定范围内公开。

按照“统一领导、分级管理”的工会财务管理体制开展工会预算绩效评价工作。全国总工会负责设定工会预算支出绩效评价制度，指导省级工会开展绩效评价工作，组织实施本级绩效评价工作。省级工会负责组织实施本地区、本系统和本产业的绩效评价工作。各级工会建立健全预算绩效管理规章制度，完善预算支出绩效评价办法，研究制定预算绩效评价指标体系，推进预算绩效管理信息系统建设，为预算绩效管理提供制度和技术支撑，逐步通过开展工会预算支出绩效考评建立健全绩效目标设定、绩效跟踪、绩效评价及结果运用有机结合的新机制，实现工会经费全过程预算绩效管理。

思考题：

1. 工会经费预算管理的含义、原则和要求是什么？
2. 工会决算管理的内容有哪些？
3. 如何正确把握工会经费的使用方向？
4. 工会预算绩效管理的要求有哪些？

第四章　工会经费收入、支出管理

第一节　工会经费收入管理

工会经费收入管理是工会财务工作的基础工作。根据《工会法》和《中国工会章程》的规定，积极组织收入，努力扩大财源，充实工会财力，是工会财务工作的首要任务。各级工会组织通过加大经费收缴力度、主动争取同级财政支持、建立工会资产收益制度等办法，多方筹集资金，积极组织收入，努力提高工会财务保障能力。

一、工会经费来源的法律依据

《工会法》第四十二条明确规定了工会经费的五项来源：一是工会会员缴纳的会费；二是建立工会组织的企业、事业单位、机关按每月全部职工工资总额的2%向工会拨缴的经费；三是工会所属的企业、事业单位上缴的收入；四是人民政府的补助；五是其他收入。

《最高人民法院关于产业工会、基层工会是否具备社团法人资格和工会经费集中户可否冻结划拨问题的批复》对工会经费权属问题作出司法解释："工会的经费一经拨交，所有权随之转移。在银行独立开列的'工会经费集中户'，与企业经营资金无关。""人民法院在审理案件中，不应将工会经费视为所在企业的财产，在企业欠债的情况下，不应冻结、划拨工会经费及‘工会经费集中户’的款项。”

二、工会经费来源内容

（一）工会会员缴纳的会费

会费收入是工会会员依照《工会法》和《中国工会章程》向工会组织缴纳的会费。会员缴纳会费既可以增加工会组织的活动经费，又可以提高会员的组织观念。通过缴纳会费可以培养工会会员的会员意识，增强工会会员的主人翁责任感，激励会员经常参加工会活动，有利于建立会员与工会组织之间的密切联系，提高工会组织的凝聚力和吸引力。

《中国工会章程》第一条规定：“凡在中国境内的企业、事业单位、机关和其他社会组织中，以工资收入为主要生活来源或者与用人单位建立劳动关系的体力劳动者和脑力劳动者，不分民族、种族、性别、职业、宗教信仰、教育程度，承认工会章程，都可以加入工会成为会员。”第四条就工会会员履行的义务进行规定：“遵守工会章程，执行工会决议，参加工会活动，按月交纳会费。”第六条规定：“会员没有正当理由连续六个月不交纳会费、不参加工会组织生活，经教育拒不改正，应当视为自动退会。”这些规定，均对会员履行缴纳会费的义务及重要性作出了明确的表述。

工会会员应向工会组织缴纳本人工资收入的0.5%的会费，工资尾数不足10元的不计入缴纳会费的基数；无固定收入的会员，可按本人上月所得工资计算缴纳会费；会员所得的各种奖金、津贴、稿费收入、补助费、救济费和退休金、退职金，均不计入缴纳会费的基数。

机关的工会会员“工资收入”具体包括：职务工资、级别工资、基础工资、工龄工资。事业单位的工会会员“工资收入”

具体包括职务工资、等级工资。机关、事业单位的工人会员“工资收入”具体包括：岗位工资，等级工资。机关和事业单位工作人员的各项津贴、补贴、奖金等收入不是“工资收入”，仍暂不计算缴纳会费。

企业工会会员的工资收入和奖金、津贴收入如何区分问题，可按各企业的支付办法掌握处理：凡是企业作为工资发放的，应计算缴纳会费；凡是作为津贴、奖金发放的，不计算缴纳会费。

《中国工会章程》第八条规定，会员离休、退休和失业，可保留会籍。期间免交会费。

工会会员有特殊生活困难时，可由本人申请，工会小组讨论，基层或车间工会批准，在一定时期内免缴会费。

基层工会所收的会员缴纳的会费，按照全国总工会的规定，全部留用于基层，无须上缴。

对于工会会员缴纳会费是对工会组织必须履行的一项义务，同时也是保证会员能够享受一定权利的物质基础，会员缴纳会费体现了会员的组织观念，是工会组织和工会干部为职工群众办事、密切联系群众的重要方式。

基层工会组织要建立健全工会会费收缴手续和管理制度，基层工会可根据工会会员需要为其开具“工会经费收入专用收据”，确保工会会费收缴管理符合要求，依法依规。

做好工会会费的收缴，关键在于提高会员缴纳会费的自觉性和主动性，通过基层工会小组长、分会财务委员积极主动的工作，经常性地向会员进行权利义务教育，提高会员的思想认识，增强组织观念，要定期公布工会会费的使用情况，听取广大会员意见，接受会员监督，实行民主理财，工会会费全部留用于基层，要维护会员的合法权益。基层工会应采取有效手段，调动小组长和分会财务委员的积极性，做好工会会费的收缴和管理。

（二）建立工会组织的企业、事业单位、机关按每月全部职工工资总额的2%向工会拨缴的经费

《工会法》第四十二条明确规定“建立工会组织的企业、事业单位、机关按每月全部职工工资总额的2%向工会拨缴的经费”，该项经费是我国各级工会组织最主要的经费来源，是国家通过法律规定，在国民收入的初次分配中提取部分费用直接拨缴给工会，是以立法形式维护工会权益的具体表现。

《工会法》第四十二条第二款规定：“企业、事业单位拨缴的经费在税前列支。”这一规定明确了工会经费的性质是劳动力再生产费用，企业、事业单位拨缴的经费在企业所得税税前扣除。

1. 拨缴经费的特征。

拨缴工会经费是国家以立法形式维护工会权益的具体表现，因此，它具有三个显著的特性。

（1）强制性。《工会法》不仅在第四十二条对机关和企事业单位按职工工资总额的2%拨缴工会经费作出了明确规定，同时在第四十三条规定：“企业、事业单位无正当理由拖延或者拒不拨缴工会经费，基层工会或者上级工会可以向当地人民法院申请支付令；拒不执行支付令的，工会可以依法申请人民法院强制执行。”

（2）无偿性。企事业、机关的行政方面向工会拨缴经费是无偿的。拨缴工会经费是国家为了支持工会履行社会职能的需要，因此不需要偿还，也不需要提供任何服务和产品予以补偿。

（3）固定性。行政方面每月按全部职工工资总额的2%向工会拨缴经费，这是法律固定下来的，具有长期的法律效力。

2. 拨缴经费的范围和基数。

拨缴工会经费时，其拨缴范围“职工”和拨缴基数“工资总额”，应按照国家统计局《关于工资总额组成的规定》和

《劳动指标解释》中有关“职工”和“职工工资总额及构成”的规定执行。

职工指在国有经济、城镇集体经济、联营经济、股份制经济、外商和港、澳、台投资经济、其他经济单位及其附属机构工作，并由其支付工资的各类人员。

职工人数计算的原则：

（1）各基层单位的“全部职工”人数，原则上应按“谁发工资谁统计”的办法进行统计。因此，不论是编制内的还是编制外的人员；不论是出勤的还是因故未出勤的人员；不论是在国内工作的还是在国外工作的人员；不论是正式的人员还是试用期间的人员；不论是在本单位工作的还是临时借调到外单位工作的人员，只要由本单位支付工资均应统计为职工。

（2）对于新招收的人员，从其报到参加工作之日起，不论是否发放当月工资，即应统计为本单位职工。对于自然减员、参军（包括参军后原单位仍发给部分生活费或补贴人员）、不带工资上学的人员，从其离开之日起即不再算本单位的职工。对于调往其他单位的人员，从其离开之日起即不再算本单位的职工。对于调往其他单位的人员，如已在原单位领取工资，其期末人数和平均人数均应由原单位进行统计，调入单位从发放工资之月起统计。

各单位中的长期职工与临时职工之和为该单位全部职工，长期职工指用工期限在一年以上（含一年）的职工。包括原固定职工、合同制职工、长期临时工以及国有单位使用的城镇集体所有制单位的人员和其他使用期限在一年以上的原计划外用工。临时职工指用工期限不超过一年的职工。包括各单位根据国家有关规定招用的，签订一年以内的劳动合同或使用期不超过一年的临时性、季节性用工。

建筑公司使用的农民工如果是由本单位直接组成生产并直

接支付报酬的由本单位统计为在岗职工。

职工统计中不包括下列人员：①乡镇企业从业人员；②私营企业从业人员；③城镇个体劳动者；④离休、退休、退职人员；⑤再就业的离、退休人员；⑥民办教师；⑦其他按有关规定不列入职工统计范围人员。

需要特别说明的是，在各单位中工作的外方人员和港、澳、台方人员，虽未列入“职工”范围（列入从业人员范围），但在计算拨交工会经费时，仍应按照有关规定，将这部分人员的工资总额计算在内拨交工会经费。

工资总额是指各单位在一定时期内直接支付给本单位全部职工的劳动报酬总额。

工资总额的计算原则应以直接支付给职工的全部劳动报酬为根据。各单位支付给职工的劳动报酬以及其他根据有关规定支付的工资，不论是计入成本的还是不计入成本的，只要是以货币形式支付的，均应列入工资总额的计算范围。

工资总额由下列六个部分组成：计时工资，计件工资，奖金，津贴和补贴，加班加点工资，特殊情况下支付的工资，（1995年，根据财务核算的具体情况，国家统计局对《关于工资总额组成的规定》中的构成内容进行了调整，即将其中“特殊情况下支付的工资”，分列在“计时工资”“其他工资”两项指标中）。

计时工资是指按计时工资标准（包括地区生活费补贴）和工作时间支付给个人的劳动报酬。包括：对已做工作按计时工资标准支付的工资；实行结构工资制的单位支付给职工的基础工资和职务（岗位）工资；新参加工作职工的见习工资（学徒的生活费）；运动员体育津贴。

计件工资是指对已做工作按计件单价支付的劳动报酬。包括：实行超额累进计件、直接无限计件、限额计件、超定额计件等工资制，按劳动部门或主管部门批准的定额和计件单价支付给个人的工资；按工作任务包干方法支付给个人的工资；按营业额提成或利润提成办法支付给个人的工资。

奖金是指支付给职工的超额劳动报酬和增收节支的劳动报酬。包括：生产奖，节约奖，劳动竞赛奖，机关、事业单位的奖励工资，其他奖金。

津贴和补贴是指为了补偿职工特殊或额外的劳动消耗和因其他特殊原因支付给职工的津贴，以及为了保证职工工资水平不受物价影响支付给职工的物价补贴。

（1）津贴包括：补偿职工特殊或额外劳动消耗的津贴及岗位性津贴、保健性津贴、技术性津贴、年功性津贴、地区津贴、其他津贴。

（2）补贴包括：为保证职工工资水平不受物价上涨或变动影响而支付的各种补贴，如副食品价格补贴（含肉类等价格补贴）、粮、油、蔬菜等价格补贴、煤价补贴、房贴、水电贴、房改补贴以及提高煤炭价格后，部分地区实行的民用燃料和照明电价格补贴等。

加班加点工资是指对法定节假日和公休假日工作的职工，以及在正常工作日以外延长工作时间的职工按规定支付的加班工资和加点工资。

其他工资是指其他根据国家规定支付的工资。如附加工资、保留工资以及调整工资补发的上年工资等。

根据国家统计局《关于印发1999年年报劳动统计新增指标解释及问题解答的通知》的规定。单位以各种名义发放的现金和实物，只要属于劳动报酬性质并且现行统计制度未明确规定不统计为工资的都应作为工资统计。单位从个人工资中直接为其代扣代缴的社会保险费、所得税、住房公积金以及其他各类扣款应计入工资统计。以下属单位的名义给本单位职工发放的现金或实物，无论是否计入本单位财务账目都应统计为本单位职工的工资。以工会的名义发放的现金和实物，除现行制度规定不应计入工资的劳保福利费和劳动保护费项目外，都应计入工资统计。

根据国家统计局《关于印发2002年年报劳动统计新增指标解释及问题解答的通知》的规定，单位为职工缴纳的补充养老保险和补充医疗保险暂不做工资总额统计，其他各种商业性保险其性质为劳动报酬，因此应计入工资统计。由单位给职工个人实报实销的职工个人家庭使用的固定电话话费、职工个人使用的手机费、职工个人购买的服装费（不包括工作服）等各种费用，其实质为岗位津贴或补贴，应计入工资统计。有些地区为不休假的职工发放一定的现金或补贴，其性质为劳动报酬，应计入工资统计。

根据财政部《关于企业加强职工福利费财务管理的通知》的规定，企业为职工提供的交通、住房、通讯待遇，已经实行货币化改革的，按月按标准发放或支付的住房补贴、交通补贴或者车改补贴、通讯补贴，应当纳入职工工资总额。企业给职工发放的节日补助、未统一供餐而按月发放的午餐费补贴，应当纳入工资总额管理。

工资总额不包括的项目：

（1）根据国务院发布的有关规定颁发的创造发明奖、国家星火奖、自然科学奖、科学技术进步奖和支付的合理化建议和技术改进奖以及支付给运动员在重大体育比赛中的重奖。

（2）有关劳动保险和职工福利方面的费用。具体有：职工死亡丧葬费及抚恤费、医疗卫生费或公费医疗费用、职工生活困难补助费、集体福利事业补贴、工会文教费、集体福利费、探亲路费等。

（3）有关离休、退休、退职人员待遇的各项支出。

（4）支付给聘用或留用的离休、退休人员的各项补贴。

（5）劳动保护的各种支出。

（6）稿费、讲课费及其他专门工作报酬。

（7）出差伙食补助费、误餐补助、调动工作的旅费和安家费。

（8）对自带工具、牲畜来企业工作的职工所支付的工具、牲畜等的补偿费用。

（9）实行租赁经营单位的承租人的风险性补偿收入。

（10）对购买本企业股票和债券的职工所支付的股息（包括股金分红）和利息。

（11）劳动合同制职工解除劳动合同时由企业支付的医疗补助费、生活补助费等。

（12）因录用临时工而在工资以外向提供劳动力单位支付的手续费或管理费。

（13）支付给家庭工人的加工费和按加工订货办法支付给承包单位的发包费用。

（14）支付给参加企业劳动的在校学生的补贴。

（15）计划生育独生子女补贴。

根据国家统计局《关于印发 1998 年年报劳动统计新增指标解释及问题解答的通知》的规定，对于社保、民政部门发放的下岗职工生活费，因其不符合工资总额的定义，故不计入工资总额中。

根据国家统计局《关于印发 1999 年年报劳动统计新增指标解释及问题解答的通知》的规定，一次性买断工龄所支付给职工的费用从性质上说属于保障性质而非劳动报酬性质，因此，不应统计为工资。

3. 拨缴经费的方式。

目前，拨缴经费的方式有三种：自主拨缴、税务代收、财政划拨。

（1）自主拨缴。由各基层工会所在单位的行政方面每月按照上个月本单位职工工资总额的2%，向本级工会拨缴工会经费，并按照《中华全国总工会办公厅关于转发〈国家税务总局关于工会经费企业所得税税前扣除凭据问题的公告〉的通知》，凭工会组织开具的《工会经费收入专用收据》，在企业所得税税前扣除。基层工会收到2%全额经费后，按照规定的比例数额向上一级工会上缴经费。上一级工会按规定比例留成经费后，逐级上解，直至全国总工会。

（2）税务代收。根据有关法律法规，采取由县以上总工会委托税务部门向组建工会的企业、事业、机关等单位收缴工会经费。2011年，《国家税务总局关于税务机关代收工会经费企业所得税税前扣除凭据问题的公告》明确规定，在委托税务机关代收工会经费的地区，企业拨缴的工会经费，也可凭合法、有效的工会经费代收凭据依法在税前扣除。这进一步对委托税务代收工会经费工作加强了指导和规范。

目前在委托税务代收工会经费的方式上，开展委托税务代收工作的多数省份将工会经费的代收借助财税库银联网系统进行分解核算，各级工会按规定比例进行上解和下拨。具体做法主要有以下两种形式。

第一种是采取由省总工会来集中对代收工会经费实行管理的模式。首先用人单位在税务部门办理代收信息登记，经税务部门审核通过后，定期向税务部门申报缴纳，税务部门开具《代收工会经费通用缴款书》，用人单位持该缴款书到银行缴纳，银行将工会经费全部划入当地国库的“工会经费汇缴专户”，各级国库逐级收纳、报解进入省级国库的“工会经费汇缴专户”；在经税务、国库和工会对账无误后，再由省国库将工会经费从“工会经费汇缴专户”划转到省总工会在商业银行开设的“工会经费集中户”，最后，省总工会根据实际缴纳额度和规定的分成比例，分别将各级应留成部分划转至各级工会在商业银行开设的“工会经费集中户”。

第二种由各级地方工会负责各级工会经费的管理模式。用人单位在银行缴纳工会经费并由银行划入当地国库的“工会经费汇缴专户”后，并不需要逐级上解到省级国库中，而是在三方对账无误后，就地划转到同级工会在商业银行开设的“工会经费集中户”，最后由各级地方工会根据全国总工会和省、市工会经费分成比例进行计算，及时上解和返还基层。

根据所在地方委托税务代收的规定，工会经费代收的范围一般包括除财政拨款单位之外一般性企事业单位或其他类型的社会组织。对于全国总工会批准的按产业（系统）管理经费的全国产业工会所属单位，省总工会批准的自管工会经费的省级产业工会的所属单位，以及省总直属企业工会所属的基层单位，依据全国总工会和所在省级工会的相关规定执行。

工会经费代收的比例目前有两种代收比例，即“全额代收”和“差额代收”。全额代收是指地方工会委托税务部门按照全部职工工资总额2%的标准将工会经费全部代收上来，然后由地方工会根据全国总工会或省总工会经费分成办法，将一定比例的工会经费下拨给单位工会，同时也将一定比例的工会经费上解给上级工会；差额代收是地方工会只委托税务部门向用人单位代收应上缴上级工会的那部分工会经费，对于应留成给单位工会的那部分，则是由工会组织督促行政方及时拨付。

（3）财政划拨。根据《中华全国总工会、财政部关于财政拨款的行政事业单位计拨工会经费有关问题的通知》关于“各级财政部门要将应由财政负担的工会经费列入财政预算。有条件的地区在推行财政国库管理制度改革时，可考虑根据当地财政部门的规定，对工会经费实行国库集中支付”的相关规定，将财政预算保障的行政事业单位按照职工工资总额的2%提取的工会经费，统一纳入本级财政预算，并由财政部门采取国库集中支付方式，统一划拨到所在县级以上工会组织。

《中华全国总工会办公厅关于基层工会组织筹建期间拨缴工会经费（筹备金）事项的通知》要求筹备建立工会组织的单位在工会组织筹建期间拨缴工会经费，即筹备金。具体做法是筹备建立工会组织的单位按本单位职工工资总额的2%全额拨缴到所属上级工会，并凭“工会经费收入专用收据”在所得税税前列支。上级工会收到2%建会筹备金后，按具体分成办法规定的比例分成解缴，筹建工会单位留成部分单独核算，用于该基层工会筹建期间的有关费用。

（三）工会所属的企业、事业单位上缴的收入

根据《工会法》和全国总工会制定的现行《工会预算管理办法》《基层工会经费收支管理办法》，工会在保证正常的工作活动，并且经费有结余的前提下，可用部分经费结余或实物开办为职工服务的“三产”或做投资经营。这些工会投资所取得的各项收益，用以弥补工会开展活动的经费不足，是工会经费来源的必要补充。以工会资产形成的收益应全额纳入预算进行核算，不得截留与坐支。

（四）人民政府的补助

依据《工会法》第四十五条的规定，各级人民政府和企事业单位、机关应当为同级工会办公和开展活动，提供必要的设施和活动场所等物质条件。在工会经费不足的情况下，各级人民政府和企事业单位、机关的补助是工会经费收入的补充来源。补助主要包括两项：一是给予开展大型活动的补

助；二是应由政府开支，或由工会出面代为政府办理的，如基本建设项目、离退休人员费用、对劳模的表彰和困难救助的支出等。

（五）其他收入

其他收入主要包括工会变卖财产收入、银行存款利息收入和个人、社团及海外捐助等。其他收入属本级工会所有。

三、工会经费收入分类

根据《工会会计制度》，工会经费收入分为以下八类。

（一）会费收入

它是指工会会员依照全国总工会规定每月按本人工资收入的0.5%向所在工会组织缴纳的会费。

（二）行政拨缴收入

它是指建立工会组织的企业、事业单位、机关按每月全部职工工资总额的2%向工会拨缴经费。这是工会经费收入的主要部分，约占全部收入的60%，因此一定要按时足额收好。

（三）上级补助收入

本级工会收到上级工会补助的款项，包括七个方面的内容：①回拨补助；②指定专门用途的专项补助；③上级工会按有关超收增缴经费管理规定拨付的超收补助；④帮扶困难职工的帮扶补助；⑤上级工会拨付的用于开展向困难职工和家庭送温暖的补助；⑥上级工会拨付的用于慰问在自然灾害中经济财产遭受损失、生活遇到困难的职工和家庭的救灾补助；⑦除上述明细科目所述内容以外的其他补助。

（四）政府补助收入

各级人民政府按照《工会法》《中国工会章程》和国家的

有关规定给予工会的补助款项。包括工会收到财政拨付的离退休人员离退休费和生活补贴、帮扶资金、送温暖经费、疗养事业补助、劳模补助、基建、维修及大型活动补助等。

（五）行政补助收入

工会取得的所在单位行政方面按照《工会法》《中国工会章程》和国家的有关规定给予工会的补助款项。包括工会收到行政拨付的劳动竞赛经费、工会开展活动的费用补助等。

（六）事业收入

它包括独立核算的工会附属事业单位上缴的收入和非独立核算的附属事业单位的各项事业收入。

（七）投资收益

它是指工会依据相关规定对外投资取得的收益。

（八）其他收入

工会除上述收入以外的各项收入，如资产盘盈、固定资产处置净收入、接受捐赠收入、银行存款利息收入等。

四、加强工会经费收缴管理

（一）加强工会经费收入管理是工会财务工作的“重中之重”，是各级工会组织增强凝聚力、吸引力和影响力的物质保障

自工会经费收缴改革以来，全国总工会先后出台了“一改三策”新举措，改变了传统的经费收缴模式，开创了工会经费收缴的新局面。当前，各级工会要继续加大依法收缴工会经费的力度，将工会经费的收缴纳入法治化的轨道，维护工会经费收缴制度的严肃性，进一步拓宽工会经费的收缴途径，扩大工会经费收缴覆盖面，提高工会经费收缴效果。

（二）加强工会经费收缴要处理好工会经费收缴的主体问题，牢牢把握工会经费收缴从始至终都是工会组织的责任，防止管理主体的错位

工会经费收缴改革是在现行法律规定和工会财务管理体制的框架内进行的，是《工会法》和《中国工会章程》赋予工会组织的职责，并没有改变工会组织收缴经费的主体地位。采取委托税务机关代收、财政部门划拨工会经费只是一种收缴方式的改变，工会组织特别是基层工会组织要坚决摒弃一托了之、坐等入账的错误想法，好像自己就没了责任，收多收少、怎么收都是税务机关、财政部门的事，这种认识必须加以纠正。财政、税务部门对工会经费实行全面代收，必须在保证工会组织收缴主体不变、工会经费管理权不变的前提下开展，各级工会组织在委托税务代收财政划拨的过程中，要加强对收缴工作进行动态管理，随时主动深入基层了解经费收缴过程中存在的问题，对存在的问题加以解决，始终把握经费收缴的主动权，做到依靠而不依赖。各级工会要加强与税务机关、财政部门的协调沟通。要认真总结、推广委托税务机关代收、委托财政部门划拨工会经费的成功经验，认真分析进展缓慢地区存在的问题，采取有效措施，不断扩大财政划拨、税务代收工会经费的覆盖面。

（三）加强工会经费收入管理要持续加大自主收缴的工作力度

省级以下工会要采取措施，理顺经费拨缴关系，明确省级工会自身、产业工会和市级工会经费收缴的范围。省级以下工会要建立工会经费收缴责任制度，逐级落实经费收缴责任。要夯实经费收缴管理基础，完善管理制度，紧密结合基层工会组织建设情况，建立工会经费收缴信息系统，健全缴费单位基础信息库，摸清计缴工会经费的基础数据底数，实行动态管理，

及时发现并纠正漏缴、少缴、瞒报行为。要建立完善的奖励和处罚机制，调动经费收缴的积极性，对拒不缴纳经费的单位以法律手段进行维权，保障经费收缴机制的严肃性。要严格工会经费收缴专用票据的管理，加强收据管理信息化建设，定期检查票据使用情况，完善票据开具与经费上缴核查机制，防止截留、挪用工会经费。

五、国家规定由政府、行政承担的费用

各级人民政府和企事业、行政单位为工会开展活动提供必要物质条件是我国的一贯政策。1979 年，国家计委、国家建委、财政部等五部委联合下发了《关于妥善解决各级工会房屋、设备问题的通知》；同年，财政部和全国总工会下发了《关于县以上工会房屋修缮费由各级财政统筹解决的通知》。1985 年，国家计委、财政部、全国总工会联合下发了《关于重申妥善解决各级工会房屋、设备问题的通知》。1986 年，国务院办公厅转发了全国总工会《关于县以上各级工会所需房屋仍由同级政府解决报告的通知》。这些文件都明确规定了各级人民政府应当给予工会组织办公和开展活动提供必要的设施和办公场所，以及对工会开展活动或购置设备、维修房屋等给予补助。同样，基层工会及其所属职工集体文化、福利事业所需房屋设备及其维修和水电取暖等费用，均由同级行政解决。

目前，我国企业的所有制形式虽然呈现多元化状态，企业内部的劳动关系也因此发生了较大变化，但职工群众作为国家主人翁的地位没有改变，工会作为职工合法利益代表者和维护者的身份更加明确，在我国境内生产经营的企业必须遵守我国的法律、法规，履行为工会办公和开展活动提供必要物质条件的义务。各级工会也要积极依法向同级政府及有关部门申请，将《工会法》规定的应由同级政府承担的各项开

支落实到位。

（一）工会房屋、设备费用

依据《工会法》第四十五条规定，工会办公和开展活动的设施和场所等物质条件，应当由同级政府和企业、事业单位、机关解决。其中基层工会办公用房、文艺、体育、教育和服务等活动场地设施、设备及其维修、水、电、取暖等费用，均由同级行政解决。

（二）工会专职人员费用

企业、事业单位、机关工会委员会的专职工作人员的工资、奖励、补贴，由所在单位支付。他们的社会保险和其他福利等，享受与本单位其他职工的同等待遇。

企业基层工会工作人员的离退休费及退职生活费开支，应与企业其他职工一样，由企业行政方面负责支付，应在营业外列支。

（三）工会开展活动有关费用

1. 工会组织的劳动竞赛、技术交流、技术革新活动所需的奖励费用。

2. 企业光荣榜制作的设备材料费。

3. 企业车间、科室、班组订阅的报刊费。

4. 企业行政主办、由工会进行管理的广播站、人员、设备等费用。

5. 由行政方面或委托工会布置的庆祝“五一”国际劳动节、“十一”国庆节及其他重大节日所需的宣传活动费。

6. 行政方面委托工会举办的表彰劳模、积极分子及先进生产（工作）者等方面的会议费和奖励费。

7. 基层工会为搞好劳动保护工作所需的费用以及劳动保护宣传教育费。

8. 企业、事业单位召开职工代表大会所需的各项费用。

9. 由工会管理的企业职工困难补助费。

（四）职工教育、疗（休）养活动费用

1. 协助基层单位行政办学的职工教育费。

2. 工会组织劳模、先进生产（工作）者休养活动的往返差旅费、住宿费、伙食补助。

3. 工会组织职工疗（休）养活动的费用。

基层工会中不少费用开支，企业、事业行政往往也能开支，工会与行政在一些开支划分上，也很难在全国范围内或全省、全县（市）范围内作统一规定。对此，有些地方工会与行政在开支的划分上，可参考以下原则。

一是需要严格划分的。有关生产奖励、安全保护等生产经营管理方面的开支；有关企业劳模、先进工作者会议和职工代表大会的会议费开支；有关企业举办的文化、福利事业，在基建、设施、开办和经常费用方面的开支；均应由行政的专项经费负担。工会代管企业举办的文化设施（如广播站）的投入费用，可由工会适当负担。有关工会建设方面的开支，应由工会负担。

二是属于双方共同负担的。在职工教育方面，行政办学的，应由行政在职工教育经费中开支，不足时，工会也可以适当予以支持；工会办学的，先由工会在所掌握的工会经费中开支，不足时，也可以向行政申请补助。在劳模、先进工作者疗休养活动方面，其往返路费、伙食补助和床位费，按规定由其所在单位行政中列支；其活动费、公杂费由组织活动的工会负担。

三是由行政负担为主，但在一定情况下，工会也可以适当开支的。工会开展活动所需的大型设备，按规定应由行政负担，如果行政负担有困难，职工有需要，工会财力有富余时，也可适当开支。

第二节　工会经费支出管理

工会经费支出管理是工会财务工作通过科学方法和有效手段实现其物质保证作用，即用好工会经费。掌握工会经费使用原则，严格控制工会经费开支的范围，切实采取用好工会经费的措施，是履行工会财务管理职责的重要任务。

一、工会经费支出管理的要求

（一）坚持经费独立管理原则

工会要独立建立银行账户，实行单独核算。根据审定的预算，开支实行工会委员会集体领导下的主席负责制，重大开支由集体研究决定。

（二）坚持遵纪守法原则

严格执行国家财经政策、规定和开支范围、标准，认真执行工会财务制度，遵守财务纪律。

（三）坚持预算管理原则

一切开支均应在经批准的预算内执行。

（四）坚持勤俭节约原则

要少花钱，多办事，办好事。用部分经费结余兴办工会企事业时，必须首先进行可行性经济分析论证，经本级经费审查委员会审查，工会委员会（常委会）讨论通过后，方可列入预算。确定为借款的，要签订借款合同；确定为投资的，要规定上缴收益的指标。

（五）坚持民主管理原则

要定期公布账目，接受会员监督和经审会审查。

（六）坚持为职工服务原则

工会经费不得用于非工会活动的开支；不得支付社会摊派或变相摊派的费用；不得为单位和个人提供资金拆借、经济担保和抵押。

二、工会经费开支范围

工会经费的开支范围，是指工会经费开支的界限，规定哪些费用由工会经费开支。根据工会工作的任务和活动内容以及有关政策规定，规定了以下九项经费开支范围。

（一）职工活动支出

工会为会员及其他职工开展教育、文体、宣传等活动发生的支出，包括基层工会组织会员开展集体活动及会员特殊困难补助的费用。

（二）维权支出

工会直接用于维护职工权益的支出，包括劳动关系协调费、劳动保护费、法律援助费、困难职工帮扶费、送温暖费与其他维权支出。

（三）业务支出

工会培训工会干部、加强自身建设及开展业务工作发生的各项支出，包括培训费、会议费、外事费、专项业务费与其他业务支出。

（四）行政支出

工会为行政管理、后勤保障等发生的各项日常支出，包括工资福利支出、商品和服务支出、对个人和家庭的补助与其他行政支出。

（五）资本性支出

工会从事建设工程、设备工具购置、大型修缮和信息网络购建而发生的实际支出，包括房屋建筑物购建、办公设备购置、专用设备购置、交通工具购置、大型修缮、信息网络购建与其他资本性支出。

（六）补助下级支出

工会为解决下级工会经费不足或根据有关规定给予下级工会的各类补助款项，包括各类项目补助和拨付下级工会的用于开展向困难职工和家庭送温暖活动的送温暖补助、拨付下级工会的用于慰问在自然灾害中经济财产遭受损失、生活遇到困难的职工和家庭的救灾补助。

（七）事业支出

工会对独立核算的附属事业单位的补助和非独立核算的附属事业单位的各项支出。

（八）其他支出

工会除以上支出项目以外的各项支出，如资产盘亏、固定资产处置净损失、捐赠支出以及按规定计提工会干部权益保障金。

三、坚持工会经费向乡镇（街道）、开发区（工业园区）工会和基层工会倾斜的原则

2014 年，全国总工会下发《关于新形势下加强基层工会建设的意见》《关于加强基层工会经费收支管理的通知》等一系列文件，并将 2015 年确定为基层工会建设“落实年”。2016 年 7 月 6 日，全国总工会下发《中华全国总工会办公厅印发〈关于加大对乡镇（街道）、开发区（工业园区）工会和基层工会经费支持力度的若干规定〉的通知》，从制度、原则和财务管理等方面，对加大工会经费向乡镇（街道）、开发区（工业园区）工会和基层工会的倾斜力度作了更进一步的

明确。

（一）从经费留成比例上作出规定，明确乡镇（街道）、开发区（工业园区）工会和基层工会的经费留成比例

1. 全国工会经费全年收入的95%留在地方和基层工会；全国总工会本级集中5%。

2. 基层工会的经费分成比例不低于60%。现低于60%的，一律调整为60%。

3. 各省级工会按照省以下各级工会经费分成比例由省级工会确定的原则，明确所辖乡镇（街道）、开发区（工业园区）工会的经费分成比例，报全国总工会备案。

这样对全国各级工会的经费留成比例都作了统一规定，对乡镇（街道）、开发区（工业园区）工会和基层工会经费留成比例进行原则性规定。全国建立工会组织的企业、事业单位、机关按全部职工工资总额的2%向工会拨缴的经费，按100%划分，全国总工会分成5%，基层工会分成不低于60%。中间各级工会，一般为三级，包括省级、市级、县级工会。乡镇（街道）、开发区（工业园区）工会包括在中间三级工会之中，也要有相应的经费留成比例。从经费源头、制度、比例上把握和定向，是对乡镇（街道）、开发区（工业园区）工会和基层工会的经费支持的最根本保证。

（二）全国总工会对各级工会的具体做法提出要求，坚持工会经费使用进一步向乡镇（街道）、开发区（工业园区）工会和基层工会倾斜

1. 全国总工会本级工会经费全年收入的70%用于对下级工会的补助，通过经费补助实行项目化管理，把其中大部分资金，经省级工会转拨补助到乡镇（街道）、开发区（工业园区）工会和基层工会。

2. 全国总工会每年从对下补助（不低于补助总额的10%）

经费中，安排专项资金用于乡镇（街道）、开发区（工业园区）工会的工作经费。此款项经全国总工会拨付各省级工会后，由各省级工会安排所辖乡镇（街道）、开发区（工业园区）工会专款专用。

3. 省级和市县工会要加大对乡镇（街道）、开发区（工业园区）工会和基层工会的经费投入力度，要在年度本级经费预算中通过转移支付、项目化管理及定额补助等方式，将工会经费向乡镇（街道）、开发区（工业园区）工会和基层工会倾斜，把更多的经费直接用于普通职工群众。

4. 省级工会要按照《中华全国总工会关于新形势下加强基层工会建设的意见》关于“有条件的地方可以由上级工会向基层工会兼职工会干部发放补贴”的规定，制定实施细则，对兼职工会干部发放补贴。要落实《全国总工会办公厅关于加大乡镇（街道）、开发区（工业园区）工会和基层工会经费支持力度的若干规定》关于“县以上工会要在年度本级经费预算中安排专项资金，解决乡镇（街道）、开发区（工业园区）工会聘用社会化工会工作者的经费问题”的规定。

这样，省级工会对基层工会兼职工会干部补贴，对乡镇（街道）、开发区（工业园区）工会聘用社会化工会工作者开展工会工作的经费，从政策方面作出明确规定，既落实补助事项，又制定了具体实施细则。解决了基层工会经费问题，摆脱一些基层工会“无钱办事”“无地办公”的困难。

四、基层工会经费使用和管理的要求

基层工会是指企业、事业单位、机关和其他社会组织单独或联合建立的基层工会委员会。对于基层工会经费使用，要严格按照《基层工会经费收支管理办法》的要求开支，确保经费使用合法合规，切实增强基层工会工作的保障水平。

基层工会要认真贯彻落实中央八项规定精神，发扬艰苦奋斗、勤俭节约的优良传统，切实加强工会经费收支管理，坚决制止奢侈浪费，合理有效地使用资金，坚持工会经费为工会工作和职工群众服务的方向，让工会经费真正惠及职工群众和工会会员。

（一）基层工会经费使用原则

基层工会的经费使用应遵循以下原则。

1. 遵纪守法原则。基层工会应依据《工会法》的有关规定，依法组织各项收入，严格遵守国家法律法规，严格执行全国总工会有关制度规定，严肃财经纪律，严格控制工会经费使用，加强工会经费收支管理。

2. 经费独立原则。基层工会应依据全国总工会关于工会法人登记管理的有关规定取得工会法人资格，依法享有民事权利、承担民事义务，并根据财政部、中国人民银行的有关规定，设立工会经费银行账户，实行工会经费独立核算。

3. 预算管理原则。基层工会应按照《工会预算管理办法》的要求，将单位各项收支全部纳入预算管理。基层工会经费年度收支预算（含调整预算）须经同级工会委员会和工会经费审查委员会审查同意，并报上级主管工会批准。

4. 服务职工原则。基层工会应坚持工会经费正确的使用方向，优化工会经费支出结构，严格控制一般性支出，将更多的工会经费用于为职工服务和开展工会活动，维护职工的合法权益，增强工会组织服务职工的能力。

5. 勤俭节约原则。基层工会应按照党中央、国务院关于厉行勤俭节约、反对奢侈浪费的有关规定，严格控制工会经费开支范围和开支标准，经费使用要精打细算，少花钱多办事，节约开支，提高工会经费使用效益。

6. 民主管理原则。基层工会应依靠会员管好、用好工会经费。年度工会经费收支情况应定期向会员大会或会员代表大会报告，逐步建立经费收支信息公开制度，主动接受会员监督。同时，接受上级工会监督，依法接受国家审计监督。

（二）基层工会经费支出范围

基层工会经费支出范围包括：职工活动支出、维权支出、业务支出、资本性支出、事业支出与其他支出。根据《工会法》的有关规定，基层工会专职工作人员的工资、奖励、补贴由所在单位承担，基层工会办公和开展活动必要的设施和活动场所等物质条件由所在单位提供。所在单位保障不足且基层工会经费预算足以保证的前提下，可以用工会经费适当弥补。

根据中央八项规定精神的要求，结合工会工作实际，全国总工会明确规定基层工会不准将工会经费用于服务职工群众和开展工会活动以外的开支。（1）不准使用工会经费购买各种商业预付卡、购物卡、电子礼品卡、消费券及搞请客送礼等活动。（2）不准违反工会经费使用规定，滥发津贴、补贴、奖金。（3）不准使用工会经费支付国家明令禁止的高消费性娱乐和健身活动。（4）不准单位行政利用工会账户，违规设立“小金库”。（5）不准将工会账户并入单位行政账户，使工会经费开支失去控制。（6）不准截留、挪用工会经费。（7）不准用工会经费参与非法集资活动，或为非法集资活动提供经济担保。（8）不准用工会经费报销与工会活动无关的费用。

（三）基层工会财务管理

基层工会组织要加强财务管理制度建设，健全完善财务报销、资产管理、资金使用等内部管理制度。基层工会主席对基层工会会计工作和会计资料的真实性、完整性负责。基层工会应严格控制工会经费收支，各项收支实行工会委员会集体领导下的主席负责制，重大收支须由集体研究决定。

基层工会组织要根据自身实际科学设置会计机构、合理配备会计人员，真实、完整、准确、及时地反映工会经费收支情况和财务管理状况。具备条件的基层工会，应当设置会计机构或在有关机构中设置专职会计人员；不具备条件的，应当委托本单位财务部门或经批准设立从事会计代理记账业务的中介机构代理记账或聘请兼职会计人员，也可委托乡镇（街道）、开发区（工业园区）工会设立的工会财务结算中心代管。

做好基层工会经费收支管理，要求基层工会根据国家和全国总工会的有关政策规定以及上级工会的要求，制订年度工会工作计划，依法、真实、完整、合理地编制工会经费年度预算，依法履行必要程序后报上级工会批准。严禁无预算、超预算使用工会经费。年度预算原则上一年调整一次，调整预算的编制审批程序与预算编制审批程序一致。根据批准的年度预算，积极组织各项收入，合理安排各项支出，并严格按照《工会会计制度》的要求，科学设立和登记会计账簿，准确办理经费收支核算，定期向工会委员会、会员大会、会员代表大会或经审会报告预算执行情况。基层工会经费年度财务决算须报上级工会审批。

基层工会要加强对本单位工会经费使用情况的内部会计监督和工会预算执行情况的审查审计监督，依法接受并主动配合国家审计监督。内部会计监督主要对原始凭证的真实性合法性、会计账簿与财务报告的准确性及时性、财产物资的安全性完整性进行监督，以维护财经纪律的严肃性。审查审计监督主要对单位财务收支情况和预算执行情况进行审查监督。

思考题：

1. 如何加强工会经费收入管理？
2. 工会经费开支范围有哪些？
3. 基层工会经费使用原则有哪些？

第五章　工会会计管理

第一节　《工会会计制度》颁布的意义和特点

财政部于2009年5月31日正式颁布《工会会计制度》，自2010年1月1日起在全国各级工会组织范围内实施。为配合该制度的实施工作，全国总工会从2009年起，陆续出台了一系列规范化制度，包括《工会预算管理办法》《基层工会经费收支管理办法》和《工会财务会计管理规范》。至此，全国各级工会财务管理逐步规范化，财务管理水平得到很大提升。

一、《工会会计制度》颁布的意义

2010年版《工会会计制度》（以下简称新《工会会计制度》）在原制度的基础上，结合形势发展变化和国家有关制度等进行了较大的修改。新《工会会计制度》的出台，确立了工会加强财务会计管理的坚实基础，成为全面提高工会财务会计工作的新契机，对做好工会工作具有重要而深远的意义。该制度是国家会计制度体系的重要组成部分，是规范工会会计行为的行政规章制度，是指导工会会计活动的基本依据。其适应了我国会计理论不断发展和日臻完善的趋势，是工会财务改革新形势、新发展的需求，是与时俱进、改革创新的结果。

（一）提升了工会会计的法律地位，完善了我国会计制度体系

中华全国总工会1998年颁布的《工会会计制度》（以下简称旧《工会会计制度》）已经执行十多年。随着经济社会的快速发展，工会维护职工权益的职能日益突出，党和政府支持工会协调劳动关系的力度加大，工会财务改革向深度和广度推进，陆续出台了改革工会经费收缴体制、税务代收工会经费、行政事业单位工会经费财政统一划拨、未建会的社会组织缴纳建会筹备金等政策措施（“一改三策”），新《工会会计制度》适应了工会财务改革和工会工作的时代变化，将收入中“一改三策”等内容纳入核算范围，增加了协调劳动关系、法律援助、困难职工帮扶等工会重点工作的维权支出，明确了落实工会活动阵地、资源手段方面的资本性支出内容，并作出了统一规范。

由财政部颁布的新《工会会计制度》第一次具备了国家标准，对于完善国家会计体系，使工会会计工作纳入“有法可依、有章可循”的法治轨道，确定了中国工会会计管理的发展趋势和方向，奠定了工会会计地位，是中国工会财务发展史上的里程碑，具有重要的现实意义。它使我国工会会计的法规体系更加完善，有利于各级工会组织坚持走中国特色社会主义工会发展道路，更好地为工会工作全局提供财力支持，发挥财务工作服务保障的职能作用。

（二）有利于提升工会诚信度，扩大工会影响力

旧《工会会计制度》在十余年间对中国工会财务管理和制度化建设，对规范会计核算、统一会计基础、促进工会财务工作和经费收缴起到了重要作用。但除工会组织外，其他社会各界人士对《工会会计制度》了解甚少，给国家监督带来不便。新《工会会计制度》的颁布实施，对中国工会会计核算的程序和内容提出了新要求，也为规范工会会计核算提供了千载难逢

的机遇。新《工会会计制度》保留了多年实践中已经形成的并被证明科学可行的内容，确保中国工会财会人员工作的连续性，降低了执行成本；同时，对各地在长期工会会计工作实践中摸索出好的经验和做法，进行了归纳、吸收；还借鉴了国家会计制度改革要求和发展趋势，使新制度在创新的基础上更加科学完善，易学易懂。不仅有利于提高工会会计信息质量和透明度，还有利于提升工会组织在社会各界的诚信度。新《工会会计制度》的实施，为非工会系统财会人员、审计人员以及基层工会兼职会计人员提供了可靠的指导依据，也为社会各界了解和把握工会会计知识，进行行业间会计交流、审计监督提供了便利条件。新《工会会计制度》的贯彻实施，推动了工会财务改革更加深入，使工会经济活动的反映更加全面、完整、准确，工会会计工作水平得以进一步提高。

（三）有利于规范各级工会组织的会计行为，提高财务管理水平

新《工会会计制度》的颁布和全面贯彻实施，客观上促进了全国总工会《工会预算管理办法》《基层工会经费收支管理办法》和《工会财务会计管理规范》的出台。一系列财会管理制度的制定和实施，为规范工会会计核算，提高全国工会财务管理水平，起到很好的保证作用。新《工会会计制度》全面地反映了工会的各项经济活动内容。收入核算中除原有的内容外，增加了政府补助等具体核算内容。支出核算中增加了维权支出和资本性支出科目，细化了支出项目，使会计人员可以准确地处理各项经济业务，更加清晰明了地为决策者提供真实可靠的信息资源。

（四）有利于政府、职工群众和社会对工会进一步了解和支持，突出工会工作特色

工会作为职工群众合法权益的代表者和维护者，是协调劳动关系、维护社会稳定的重要力量。工会具有特殊性，尤其是

工会经费，按照《工会法》的规定，工会系统根据经费独立原则，建立预算、决算和经费审查监督制度。为落实“组织起来、切实维权”工作方针，《工会会计制度》的修订突出了对重点工作资金投入的规定，明确了“维权支出”等工会业务的核算，集中反映各级工会组建、维权资金投入情况。新《工会会计制度》对基层工会组建、困难职工帮扶、就业培训教育、法律援助服务、劳动争议调解处理、劳动安全保护等有了统一明确的核算口径和支出渠道。通过对“维权支出”等核算内容的规范，可以反映围绕大局、配合党政工作的投入情况，为职工服务的力度，有利于政府、职工群众和社会加深对工会的了解和支持。

（五）提升工会财务管理水平，实现全面预算管理和审查监督

新《工会会计制度》统一了核算内容、核算标准、核算方法、核算要求，使各级工会财会人员在具体业务处理上方法一致，反映的经济活动的可比性强，内容更加真实准确。该制度还有利于各级工会加强会计基础工作和内部管理工作，提高管理水平。新增的核算政府补助资金的“零余额账户用款额度”和“财政应返还额度”等科目，明确了将财政对工会的补助资金全部纳入工会预算收支范围，这样既符合全面预算管理的要求，使工会组织的经费收支全貌得以反映，又有利于审查监督与控制。

二、《工会会计制度》的特点

（一）顺应国家财政预算改革的形势，体现全面预算的要求

新《工会会计制度》增设了“政府补助收入”“零余额账户用款额度”“财政应返还额度”等科目，正式将政府给予工会的补助资金纳入工会预算收支范围，明确了财政对工会的补

助资金的核算范围和方式，符合全面预算管理的要求，使工会组织的收支全貌得以反映。

（二）突出维权职能，把维护职工合法权益作为核算反映的重点

为全面反映和落实全国总工会“组织起来、切实维权”工作方针，《工会会计制度》重点设置了“维权支出”“业务支出”等核算科目，使维权资金投入、基层工会组建、困难职工帮扶、就业培训教育、法律援助服务、劳动争议调处、劳动安全保护等有了统一明确的核算口径，全国工会系统重点工作投入状况能够得到真实的反映。

（三）满足了会计核算工作一致性和规范化要求

新《工会会计制度》要求各级工会统一会计科目、统一计量标准、统一核算方法，为规范会计行为提供了制度保证。新《工会会计制度》不再区分县以上和基层会计核算内容，消除了以往各级工会机关财务核算科目不一致、方法不统一等问题。新《工会会计制度》还将拨缴经费收入按照经费归属不同层级划分，将属于本级次的经费纳入本级“拨缴经费收入”核算，不属于本级次的经费，区分作“应付上级经费”和“应付下级经费”科目核算，解决了虚增收入的问题，使会计核算更加科学合理。

第二节　《工会会计制度》介绍

新《工会会计制度》由两部分组成，共 9 章 47 条。总体构架包括：第一章总则，第二章一般原则，第三章资产，第四章负债，第五章净资产，第六章收入，第七章支出，第八章会计报表，第九章附则。

一、关于工会资产

（一）工会资产的概念和内容

工会资产是工会拥有或控制的能以货币计量的经济资源。包括流动资产、投资和固定资产等，具体包含以下内容。

1. 流动资产。

流动资产是指预计在一年内（含一年）变现或者耗用的资产。其主要包括货币资金、借出款、应收款项、库存物品等。（1）货币资金包括库存现金、银行存款等。（2）借出款是工会因开展工作或发展工运事业的需要而出借给其他工会或工会所属单位的款项。（3）应收款项包括应收上级经费、应收下级经费、其他应收款等。应收上级经费是工会应收未收的上级工会应拨付（或划转）工会经费和补助，包括应收上级补助、应收上级转拨经费、应收建会筹备金。应收下级经费是本级工会应收下级工会的上缴经费，包含建会筹备金。其他应收款是工会除应收上下级经费以外的其他应收及暂付款项。（4）库存物品指工会取得的将在日常活动中耗用的材料、物品及达不到固定资产标准的工具、器具等。（5）已实行国库集中收付的地区，工会的流动资产还包括零余额账户用款额度和财政应返还额度。

2. 投资。

投资是指工会按照国家有关法律、行政法规和工会的相关规定，以货币资金、实物资产等方式向其他单位的投资。投资按其流动性分为短期投资和长期投资；按其性质分为股权投资、债权投资等。

3. 固定资产。

固定资产是指工会使用年限在一年以上，单位价值在规定标准以上，并在使用过程中基本保持原来物质形态的资产。包括房屋及建筑物、专用设备、一般设备、文物和陈列品、图书、其他固定资产。单位价值虽未达到规定标准，但是使用时间在一年以上的大批同类物资，按固定资产管理。

（二）工会资产的主要特征

工会资产是受国家法律保护，通过多种渠道形成的、由工会享有所有权或使用权的动产与不动产，是工会组织发展壮大的重要条件，是工会开展活动的物质基础，也是工会成为社团法人的前提条件。它主要具有以下特征。

1. 受国家法律保护。

《工会法》第四十五条、第四十六条规定，“各级人民政府和企业、事业单位、机关应当为工会办公和开展活动，提供必要的设施和活动场所等物质条件”，“工会的财产、经费和国家拨给工会使用的不动产，任何组织和个人不得侵占、挪用和任意调拨”。

2007 年 10 月 1 日施行的《中华人民共和国物权法》（以下简称《物权法》）第五章第六十九条规定，“社会团体依法所有的不动产和动产，受法律保护”。

由于我国县级以上工会享有行政单位或事业单位编制，工会资产在受到国家有关法律保护的同时，也要遵循财政部门关于行政事业单位资产管理的相关规定。

2. 多种渠道形成。

根据《工会法》第四十二条的规定，工会经费的来源有五个方面：（1）工会会员缴纳的会费；（2）建立工会组织的企业、事业单位、机关按每月全部职工工资总额的2%向工会拨缴的经费；（3）工会所属的企业、事业单位上缴的收入；（4）人民政府的补助；（5）其他收入。

多渠道工会经费形成的资产，汇合起来，由工会统一使用与支配。

3. 具有非经营性。

工会是为广大职工服务的，从事的是非营利性活动。因此，工会的资产主要用于为职工、会员服务和工会组织自身的运行和活动，具有非经营性。在实务中，有些工会利用部分资金和实物资产对外投资，兴办附属企业，这部分资产属于经营性资产，但工会对外投资取得投资收益是为了弥补工会经费的不足，仍是要用于工运事业，就其最终目的还是非营利属性。

二、关于工会负债

（一）负债的概念和内容

负债是指工会承担的能以货币计量，须以资产偿付的债务。它代表着工会的偿债责任和债权人对工会的权益，包括应付个人收入、借入款、应付款项、代管经费等。

应付个人收入包括应付工资（离退休费）、应付地方（部门）津贴补贴、应付其他个人收入。其中，应付工资（离退休费）是指应付未付给本单位职工的工资及离退休费。应付地方（部门）津贴补贴是指应付未付给本单位职工的地方（部门）津贴补贴。应付其他个人收入是指应付未付给本单位职工的其他个人收入。

借入款是指工会借入的款项。

应付款项包括应付上级经费、应付下级经费、其他应付款。其中，应付上级经费是指本级工会按规定应上缴的工会经费及建会筹备金。应付下级经费是指本级工会应付下级工会的各项补助以及应转拨下级工会的工会经费和建会筹备金。其他应付款是指除应付上下级经费之外的其他应付及暂存款项。

代管经费是指工会代管的、有指定用途的、不属于工会收入的经费。

（二）工会负债的主要特征

工会负债是工会须承担的清偿责任，清偿的预期将导致工会资产的减少。工会的计划和承诺、将在未来发生的事项，不形成负债。

工会只能将属于本级工会的经费计入收入，属于上级和下级的经费作为应付上级经费和应付下级经费处理，真实反映各级工会在经费收缴上的权属关系。

按照《工会法》的规定，工会经费管理制度由全国总工会制定，工会经费具有独立管理的性质。工会财务管理体制遵循“统一领导、分级管理”的原则，分为五级经费管理单位：全国总工会、省级工会、市级工会、县级工会、基层工会，具备条件的可以增设乡镇一级工会。工会经费主要来源于建立工会组织的企事业单位、机关按每月全部职工工资总额的2%向工会拨缴的经费，要按照全国总工会、省总工会的规定，确定分成比例，自下而上，或自上而下，上缴或返拨，不得挪用或截留。

三、关于工会净资产

（一）工会净资产的概念

净资产是指资产减去负债后的余额，它表明的是工会组织的资产总额在抵偿了一切现存义务之后的那部分差额，相当于《企业会计准则》中“所有者权益”。用公式可表示为：

资产－负债＝净资产

净资产主要来自企事业单位依法无偿拨缴的经费、会员上缴的会费和其他方面来源的资金。这些经费和其他方面来源的资金虽无须偿还，也没有获取经济利益的要求，但资金提供者十分关心所提供经费和资金的使用情况，以及这些资金和形成的资产所产生的效果。所以，提供净资产增减变动情况的信息也是工会组织会计核算的重要任务之一。

（二）净资产的内容

工会净资产按其核算的内容分为固定基金、在建工程占用资金、投资基金、专用基金、后备金和结余。

1. 固定基金是指工会固定资产占用的基金，固定基金的余额反映了工会所拥有的固定资产总值。

2. 在建工程占用资金是指工会在建工程完工前累计占用的资金。在建工程完工后转入固定基金。在建工程占用资金余额反映工会基本建设尚未完工的各项在建工程总的资金占用。

3. 投资基金是指工会对外投资占用的基金。投资基金余额反映工会尚未收回的投资款项。

4. 专用基金是指工会按规定依法提取和使用的有专门用途的基金，如工会干部权益保障金。

5. 后备金是指县级（含县级）以上工会按规定依法提取的、特殊情况下使用的储备金。后备金余额反映工会尚未动用的后备金数额。

6. 结余是工会各项收入与支出相抵后滚存的累计余额。

四、关于工会收入

（一）工会收入的概念和特点

收入是指工会根据《工会法》以及有关政策规定开展业务活动所取得的非偿还性资金。工会收入具有以下几个特点。

1. 工会收入是依法取得的。工会取得的各项收入应符合《工会法》及有关法规政策的规定。

2. 工会收入由多种渠道形成。《工会法》第四十二条规定工会经费的来源包括：工会会员缴纳的会费；建立工会组织的企事业单位、机关按每月全部职工工资总额的2%向工会拨缴的经费；工会所属的企事业单位上缴的收入；人民政府的补助；其他收入。

3. 工会收入具有非偿还性。工会收入是工会取得的非偿还性资金，这一特征将工会收入与工会的各种借入款进行了区分。

4. 工会收入能够引起工会净资产的增加。工会收入能够增加资产或减少负债，最终引起工会净资产的增加。

（二）收入的分类

工会收入按照其来源分为会费收入、拨缴经费收入、上级补助收入、政府补助收入、行政补助收入、事业收入、投资收益和其他收入。

1. 会费收入。会费收入是指工会会员依照规定向工会组织缴纳的会费。

2. 拨缴经费收入。拨缴经费收入是指基层单位行政拨缴、下级工会按规定上缴及上级工会按规定转拨的工会经费中归属于本级工会的经费及建会筹备金。

3. 上级补助收入。上级补助收入是指本级工会收到的上级工会给予的各类补助款项。其中包括回拨补助、专项补助、超收补助、帮扶补助、送温暖补助、救灾补助、其他补助。

4. 政府补助收入。政府补助收入是指各级人民政府按照《工会法》和国家的有关规定给予工会的各类补助款项。

5. 行政补助收入。行政补助收入是指工会取得的所在单位行政方面按照《工会法》和国家的有关规定给予工会的补助款项。

6. 事业收入。事业收入是指独立核算的工会附属事业单位上缴的收入和非独立核算的附属事业单位的各项事业收入。

7. 投资收益。投资收益是指工会对外投资发生的损益。

8. 其他收入。其他收入是指工会除上述收入以外的其他各项收入，如资产盘盈、固定资产处置净收入、接受捐赠收入、银行存款利息收入等。

（三）收入的核算基础和入账金额

1. 收入的核算基础。工会确认各项收入，应当以收付实现制为基础、权责发生制为补充。收付实现制是以款项的实际收付为标准来处理经济业务，确认本期收入和支出的会计核算基础。在收付实现制基础下，凡在本期实际支付的款项，不论其付款义务是否归属于本期，均应作为本期支出处理；凡在本期实际收到的款项，不论其是否属于本期，均应作为本期收入处理。权责发生制是以应收应付作为标准来处理经济业务，确认本期收入和费用的会计核算基础。在权责发生制基础下，凡属本期应计的收入，不管是否实际收到款项，均作为本期的收入处理；凡属本期应负担的费用，不管是否实际付出款项，都作为本期的费用处理。

各项工会收入的确认，主要以收付实现制为基础，但对个别事项或以特殊支付方式取得的收入，应以权责发生制作为补充确认基础。例如，对于拨缴经费收入，工会可以根据下级工会应上缴经费的报告数和上级工会应转拨经费的通知数中归属于本级工会的经费及建会筹备金数额确认收入。又如，对于上级补助收入，工会可以根据上级工会已确定的应付未付的各项补助经费的通知数，确认本级工会有关收入。再如，对于以国库集中支付方式取得的政府补助，其年终结余资金应按照权责发生制确认财政应返还额度，并确认本年度的政府补助收入。

2. 收入的入账金额。工会各项收入应当按照实际发生额入账。

五、关于工会支出

（一）工会支出的概念和特点

工会支出是指工会为开展各项工作和活动所发生的各项资金耗费及损失。

工会支出具有以下特点：一是工会支出必须严格遵循有关法律法规制度的规定。《工会法》明确规定，工会经费主要用于职工服务和工会活动。工会经费的具体使用应当遵循中华全国总工会制定的各项管理办法。二是工会支出能够引起工会净资产的减少。工会支出能够引起资产的减少或负债的增加，最终引起工会净资产的减少。

（二）工会支出的分类

工会支出的分类有两种：功能分类和经济分类。功能分类和经济分类结合使用，可以进一步细化对支出的分析，为评估和改进工会工作提供详细信息。

1. 支出的功能分类。支出功能分类反映工会做了什么。工会支出按照功能分为职工活动支出、维权支出、业务支出、行政支出、资本性支出、补助下级支出、事业支出与其他支出。

（1）职工活动支出。职工活动支出是指工会为会员及其他职工开展教育、文体、宣传等活动发生的支出。

（2）维权支出。维权支出是指工会直接用于维护职工权益的支出。

（3）业务支出。业务支出是指工会培训工会干部、加强自身建设及开展业务工作发生的各项支出。

（4）行政支出。行政支出是指工会为行政管理、后勤保障等发生的各项日常支出。

（5）资本性支出。资本性支出是指工会从事建设工程、设备工具购置、大型修缮和信息网络购建而发生的实际支出。

（6）补助下级支出。补助下级支出是指工会为解决下级工会经费不足或根据有关规定给予下级工会的各类补助款项。

（7）事业支出。事业支出是指工会对独立核算的附属事业单位的补助和非独立核算的附属事业单位的各项支出。

（8）其他支出。其他支出是指各级工会除职工活动支出、维权支出、业务支出、行政支出、资本性支出、补助下级支出、事业支出以外的各项支出。

2. 支出的经济分类。支出的经济分类反映工会支出的经济性质和具体用途。例如，用于职工活动的支出是具体用在了职工教育方面，还是文体方面，还是宣传活动方面。又如，用于本级工会开展业务的支出是具体用在了培训方面，还是会议方面，还是外事方面。再如，用于本级工会行政方面的支出具体是用在了支付工资福利，还是支付公用经费等。

按照《工会会计制度》的规定，工会支出一级会计科目的设置体现了支出的功能分类，各支出类一级科目所属明细科目的设置体现了支出的经济分类。

（三）支出的核算基础和入账金额

1. 支出的核算基础。各项工会支出的确认，主要以收付实现制为基础，但对个别事项的处理，采用权责发生制作为补充确认基础。例如，计提权益保障金，根据计提数确认当期支出。又如，对于补助下级支出，工会可以根据已确定的应付未付的各项补助经费的通知数，确认本级工会有关支出。

2. 支出的入账金额。工会的各项支出应当按照实际发生额入账。

六、工会会计报表和编制要求

（一）工会会计报表

工会会计报表是反映各级工会财务状况、业务活动和预算执行结果的书面文件。工会会计报表是各级工会领导、上级工会及其他会计报表使用者了解情况、掌握政策、指导工作的重要资料。

工会会计报表主要包括资产负债表、收入支出表及其附表和附注，即资产负债表，收入支出表，往来款项明细表，经费收缴情况表。

工会会计报表分为年度会计报表和中期会计报表。以短于一个完整的会计年度的期间（如半年度、季度和月度）编制的会计报表称为中期会计报表。年度会计报表是以整个会计年度为基础编制的会计报表。

（二）编制会计报表要求

编制会计报表要做到数字准确、内容完整、报送及时。会计报表是根据登记完整、核对无误的账簿记录和其他有关资料编制。会计报表必须经会计主管人员和单位负责人审阅签章并加盖公章后上报。

1. 数字准确。

要求会计报表如实反映财务状况，数字真实可靠。在编制报表之前本期发生的所有账务必须全部登记入账，并以账簿记录为依据编制，不能以预算数代替实际数，不能弄虚作假，隐瞒谎报。

2. 内容完整。

会计报表是一套完整的指标体系。报表内容要严格按财政部制定的新《工会会计制度》规定的统一种类、格式进行编制，不得漏编、漏报。

3. 报送及时。

会计报表的时效性很强，如果不及时编制，就会失去会计报表应有的作用，不利于各级工会领导了解情况、掌握政策、指导工作。因此，各级工会必须按上级工会规定的时间和期限及时编制会计报表。

第三节　工会会计基础知识要点

一、工会会计的职能、对象和要素

（一）工会会计的职能

会计是经济管理的重要组成部分，是以货币为主要计量单位，借助一系列专门的方法，连续、系统、完整、综合地对行政事业单位、企业及其他经济组织等进行核算和监督的一种经济管理活动。

工会会计的职能，是指工会会计在经济管理中所具有的功能，是会计应发挥的作用，一般认为，会计具有核算和监督两项基本职能。

1. 会计核算职能。

会计核算职能贯穿于经济活动的全过程，是会计最基本的职能，也称反映职能。它是指会计通过确认、计量、记录、报告，从数量上反映各单位已经发生或完成的经济活动，为运营管理提供可靠的经济信息。会计核算的内容具体表现为运营过程中的各种经济业务，主要包括：（1）款项和有价证券的收付；（2）财物的收发、增减和使用；（3）债权债务的发生和结算；（4）净资产、基金的增减；（5）收入、支出的核算；（6）财务成果的计算和处理；（7）其他需要办理会计手续、进行会计核算的事项。会计核算应当具有客观性、相关性、完整性和及时性。

2. 会计监督职能。

会计的监督职能也称控制职能，是指对特定主体经济活动和相关会计核算的合法性、合理性进行审查，即指按照一定的标准和要求利用会计所提供的信息对各单位的运营活动进行有效的指导、控制和调节，以达到预期的目的。会计监督的内容主要包括：（1）监督经济业务的真实性；（2）监督财务收支的合法性；（3）监督各项财产的完整性；（4）会计监督是一个过程，它分为事前监督、事中监督和事后监督。

会计除具有核算和监督两项基本职能外，还有决策职能、计划职能和组织职能。随着生产力水平的日益提高、社会经济关系的日益复杂和管理理论的不断深化，会计所发挥的作用日益重要，其职能也在不断随之丰富和发展。

通过了解会计的两项基本职能及其特点，可以看出会计在经济管理中的特殊作用：会计是为决策者提供信息，并利用这些信息对经济活动进行监督的一种管理活动。设置工会会计的目的就是规范工会会计行为，保证工会会计信息质量，提高工会的运作效率。会计不直接处理人财物等业务工作，而是处理能用货币反映的这些业务活动的信息；会计核算又与统计、业务核算不同，它主要利用货币计价，并具有完整性、连续性、系统性特点。

（二）工会会计的对象和要素

会计的对象是会计核算和监督的内容，即特定主体能够以货币表现的经济活动。从宏观上来说，会计对象是再生产过程中的资金运动；从微观上来说，会计对象是一个单位能够用货币表现的经济活动。

会计要素是会计核算内容的具体化，是指会计对象是由哪些部分所构成的，是会计对象按经济特征所作的最基本分类。工会的会计要素划分为资产、负债、净资产、收入和支出五大要素。资产、负债、净资产是财务状况的静态表现，也是资产负债表的构成要素；收入和支出是运营成果的动态反映，也是收入支出表的构成要素，主要体现工会运营过程中发生的财务关系。

1. 资产。

资产，是指工会拥有或控制的能以货币计量的经济资源。工会的资产按照流动性划分，可以分为流动资产、投资和固定资产。流动资产是指预计在一年内（含一年）变现或耗用的资产，主要包括货币资金、借出款、应收款项、库存物品等。投资是指工会按照国家有关法律、行政法规和工会的相关规定，以货币资金、实物资产等方式向其他单位的投资。

2. 负债。

负债，是指工会承担的能以货币计量，需以资产偿付的债务。包括借入款、应付个人收入、应付款项等。借入款，是指工会借入的款项；应付个人收入包括应付工资（离退休费）、应付地方（部门）津贴补贴、应付其他个人收入；应付款项包括应付上级经费、应付下级经费、其他应付款。

3. 净资产。

净资产，是指工会的资产减去负债后的余额。包括固定基金、在建工程占用资金、投资基金、专用基金、后备金、结余。固定基金是指工会固定资产占用的基金。在建工程占用资金是指工会在建工程完工前累计占用的资金。在建工程占用资金应当按照实际发生额记账，待工程完工后转入固定基金。投资基金是指工会对外投资占用的基金。专用基金是指工会按规定依法提取和使用的有专门用途的基金。包括增收留成基金、财务专用基金、工会干部权益保障金。后备金是指县级以上工会按规定依法提取的特殊情况下使用的储备金。结余是指工会各项收入与支出相抵后滚存的累计余额。

4. 收入。

收入，是指工会根据《工会法》及有关政策规定开展业务活动所取得的非偿还性资金。收入按照来源分为会费收入、拨缴经费收入、上级补助收入、政府补助收入、行政补助收入、事业收入、投资收益、其他收入。

5. 支出。

支出，是指工会为开展各项工作和活动所发生的各项资金耗费及损失。支出按照功能分为职工活动支出、维权支出、业务支出、行政支出、资本性支出、补助下级支出、事业支出、其他支出。

会计要素的划分在会计核算中具有重要作用，它是对会计对象进行科学分类和设置会计科目的基本依据，并构成会计报表的基本框架。其中，资产、负债和净资产三个要素构成一组，反映一定日期的财务状况；收入和支出两个要素构成一组，反映一定期间的收支结余情况。

二、借贷记账法与会计等式

借贷记账法是以“借”和“贷”二字作为记账符号，记录因经济业务发生而引起的会计要素增减变动情况的一种复式记账方法。

（一）借贷记账法的记账符号

借贷记账法以“借”和“贷”二字作为记账符号，表示不同经济业务的增减变动情况，具体的含义则取决于账户的不同属性。

借贷记账法是复式记账法，故其账户的基本结构也分为左右两方：左方为借方，右方为贷方。“借方”记录资产、支出的增加，负债、净资产的减少及收入的结转；“贷方”记录资产的减少、支出的结转，负债、净资产及收入的增加。一般而言，余额出现在借方的账户属于资产类账户；余额出现在贷方的账户属于负债类、净资产类账户。支出类账户和收入类账户结转后没有余额。借贷记账法各类账户的结构如表5－1所示。

表5－1　账户的结构

借方	贷方	余额
资产增加	资产减少	借方
负债减少	负债增加	贷方
净资产减少	净资产增加	贷方
收入结转	收入增加	无
支出增加	支出结转	无

（二）借贷记账法的记账规则

借贷记账法建立在复式记账法原理的基础上，借贷记账法的基本记账规则是“有借必有贷，借贷必相等”。

1. 对于每一笔经济业务都在两个或两个以上相互联系的账户中进行登记，在一个账户中记借方，必须同时在另一个或几个账户中记贷方；或者在一个账户中记贷方，在另一个或几个账户中记借方。

2. 以相等的金额同时记入借方账户与贷方账户。由于借贷记账法的理论基础是“资产＋支出＝负债＋净资产＋收入”，因此，反映因经济业务的发生而引起各项目变动时，只有以相等的金额登记，才能保持会计恒等式两端要素间的平衡关系。采用借贷记账法，根据业务情况有时是简单的会计分录（一借一贷），有时也可是复合会计分录（一借多贷或多借一贷），一般不允许有多借多贷现象。

在编制会计分录时，应按照以下步骤进行，一笔业务发生首先应确定涉及哪几个账户，这些账户各属于哪一类；其次是业务发生引起该账户的变化是增还是减；最后根据所属账户类别确定记账方向。

（三）借贷记账法的试算平衡

在试算平衡中，就是根据“资产 + 支出 = 负债 + 净资产 + 收入”的平衡关系，按照“有借必有贷，借贷必相等”的记账规则要求，通过汇总计算和比较，来检查账户记录的正确性和完整性。

经济业务发生后，按照借贷记账法的记账规则来记账，不但每一笔经济业务的借贷发生额相等，而且工会在一定时期内所发生的全部经济业务的借贷双方合计数也必然相等。

1. 试算平衡公式。

采用借贷记账法可以按照下列公式试算平衡：（1）会计分录试算平衡公式：借方账户金额 = 贷方账户金额；（2）本期发生额试算平衡公式：全部账户本期借方发生额合计 = 全部账户本期贷方发生额合计；（3）余额试算平衡公式：全部账户借方余额合计 = 全部账户贷方余额合计。

2. 试算平衡表。

试算平衡表公式的运用事实上也是严格按照借贷记账法的记账规则来进行账务处理的。在会计实务中，通常在会计期末用试算平衡的方式进行本期发生额及期末余额的试算平衡。常用的试算平衡表有三种：（1）总分类账本期发生额试算平衡表；（2）总分类账期末余额试算平衡；（3）总分类账本期发生额及期末余额试算平衡表。

下面简要介绍本期发生额及期末余额试算平衡表的编制。表内会计科目一栏是账户名称，一般按资产负债表的排列顺序填写，其他有关栏次则根据各账户记录的发生额及余额填列：首先，应结出各账户本期借方发生额、贷方发生额和期末余额；其次，将每一账户期初、期末余额和借贷方发生额填入试算平衡表的对应行次，分别累加后得出合计数，即完成了试算平衡表的编制。

需要注意的是，如果发生额或余额不平衡，说明账户记录或计算一定有误，但平衡了并不能说明无错误。因为有些平衡并不影响平衡关系，如用错会计科目，重记或漏记同一笔分录，借贷方向记反等，这些错误需要采用其他会计检查方法进行检查。

（四）会计等式

如前所述，五项会计要素反映了资金运动的静态和动态两个方面，具有紧密的相关性，它们在数量上存在特定的平衡关系，这种平衡关系用公式来表示，就是通常所说的会计等式。会计等式是反映会计要素之间平衡关系的计算公式，它是各种会计核算方法的理论基础。

工会会计的试算平衡公式：资产 = 负债 + 净资产。

工会在运营过程中，每天都会发生多种多样、错综复杂的经济业务，从而引起各会计要素的增减变动，但不影响资产与负债及净资产的平衡关系。经济业务的发生引起等式两边会计要素变动的方式可以归纳为以下四种类型。

1. 经济业务的发生引起等式两边金额同时减少，减少金额相等，变动后等式仍保持平衡。

例如，某市工会用银行存款支付本工会职工工资20,000元。这项经济业务使银行存款减少了20,000元，即等式左边的资产减少了20,000元；同时应付工资（离退休费）减少了20,000元，即等式右边的负债减少了20,000元。也就是说，工会的资产与负债同时减少，会计等式依然相等。

2. 经济业务的发生引起等式两边金额同时增加，增加金额相等，变动后等式仍保持平衡。

例如，某市工会收到代管的党费3,000元并存入银行。这项经济业务使银行存款增加了3,000元，即等式左边的资产增加了3,000元；同时代管经费增加了3,000元，即等式右边的负债总额增加了3,000元。也就是说，工会的资产与负债同时增加，会计等式依然相等。

3. 经济业务的发生引起等式左边即资产内部的项目此增彼减，增减的金额相同，变动后资产总额不变，等式仍保持平衡。

例如，某市工会从银行提取现金 500 元以备临时支出。这项经济业务使银行存款减少了 500 元，即等式左边的资产减少了 500 元；同时现金增加了 500 元，即等式左边的资产增加了 500 元。也就是说，工会的资产内部发生增减变动，但资产总额不变，会计等式依然相等。

4. 经济业务的发生引起等式右边净资产内部项目的此增彼减，变动后等式仍保持平衡。

例如，某市工会按规定提取特殊情况下使用的后备金86,000元。这项经济业务使工会的结余账户金额减少86,000元，即等式右边的净资产减少了86,000元；同时，工会的后备金增加了86,000元，即等式右边的净资产增加了86,000元，即经济业务导致净资产内部项目的此增彼减，净资产总额不变，会计等式依然相等。

三、会计科目和账户

（一）会计科目

1. 会计科目的概念和意义。

会计科目是对会计要素按照会计核算对象的具体内容所作的科学分类，也是经济业务的分类名称内容和运营管理要求进行分类核算的项目，即按照每一会计要素，把性质相同的内容归纳在一起，分别确定一个既能反映本质又简单明了的名称。例如，将一般设备和专用设备、房屋及建筑物等使用时间较长，价值较大的归为一类，设置“固定资产”科目；将日常活动中耗用的材料、物品及达不到固定资产标准的工具、器具等归为一类，设置“库存物品”科目；将应付未付给本单位职工的如误餐费、夜餐费、出差人员伙食补助费、市内交通费、出国人员伙食费、公杂费等归为一类，设置“应付其他个人收入”科目。

通过设置会计科目，可以把资金的运动情况分门别类地登记在账簿上，可以全面反映和监督各项会计要素的详细情况，为管理者提供一系列分类的经济指标。同时，还可以把价值形式的综合核算和库存物品的实物核算有机地结合起来，从而有效地控制库存物品的实物形态。因此，设置会计科目是组织会计核算的一项重要工作，是填制会计凭证和设置会计账户的依据，是编制会计报表的基础。

2. 会计科目的分类。

就工会而言，会计科目划分为五类，即资产类、负债类、净资产类、收入类和支出类。

（1）资产类科目是用以核算和监督各种资产增减变动的会计科目，主要有“库存现金”“银行存款”“借出款”“应收上级经费”“应收下级经费”“库存物品”“投资”“在建工程”“固定资产”等。

（2）负债类科目是用以核算和监督各种债务增减变动的会计科目，主要有“应付工资（离退休费）”“应付地方（部门）津贴补贴”“应付其他个人收入”“借入款”“应付上级经费”“应付下级经费”“其他应付款”等。

（3）净资产类科目是用以核算和监督各种净资产增减变动的会计科目，主要有“固定基金”“在建工程占用资金”“投资基金”“专用基金”“后备金”“结余”。

（4）收入类科目是用以核算和监督工会运作过程中的收入状况的会计科目，主要有“会费收入”“拨缴经费收入”“上级补助收入”“政府补助收入”“行政补助收入”“事业收入”“投资收益”等。

（5）支出类科目用于核算和监督各种支出状况并计算确定损益的“职工活动支出”“维权支出”“业务支出”“行政支出”“资本性支出”“补助下级支出”“事业支出”等。

会计科目按其提供核算指标的详细程度，可分为总账科目（又称一级科目）和明细科目（又称细目）。为便于编制会计凭证、登记账簿、查阅账目、实行会计电算化，新《工会会计制度》统一规定了工会会计科目的名称和编号。对于已规定的一级科目和明细科目，工会不得减并、自行增设、擅自更改科目名称，不需要的科目可以不用，但各省级工会可以根据需要自行增设未规定的明细科目，或将相应权限授权给所属下级工会。根据新《工会会计制度》的规定，工会共设置 42 个一级科目，其中资产类 12 个、负债类 8 个、净资产类 6 个、收入类 8 个、支出类 8 个。工会在运作过程中发生外币业务时，应当将有关外币金额折算成人民币金额记账。

（二）会计账户

1. 会计账户的概念。

会计账户是根据会计科目设置，具有一定格式和结构用于分类反映会计要素增减变化情况及其结果的载体。会计账户由账户名称和账户结构两部分组成。

2. 账户的设置。

账户是根据会计科目设置的，根据总账科目设置的账户成为总分类账户，总分类账户的名称就是总账科目的名称；根据总账科目所属明细分类科目开设的账户，叫作明细分类账户，总账账户是总括反映资产和权益的账户，明细账户是详细反映资产和权益的账户。总账账户对明细账户起综合和控制作用，明细账户对总账账户起补充和分析作用。

对某项经济业务，通过总分类账户进行核算，成为总分类核算；对某项经济业务，通过有关明细分类账户进行核算，称为明细核算。

3. 账户的分类。

账户按其核算的经济内容可以分为资产类账户、负债类账户、净资产类账户、收入类账户、支出类账户。

（1）资产类账户还可以分为流动资产账户和非流动资产账户，前者如“库存现金”“银行存款”“应收上级经费”“应收下级经费”“库存物品”等账户；后者如“固定资产”“在建工程”等账户。

（2）负债类账户包括“应付工资（离退休费）”“应付地方（部门）津贴补贴”“应付其他个人收入”“借入款”“应付上级经费”“应付下级经费”“其他应付款”等账户。

（3）净资产类账户包括“固定基金”“在建工程占用资金”“投资基金”“专用基金”“后备金”“结余”等账户。

（4）收入类账户包括“会费收入”“拨缴经费收入”“上级补助收入”“政府补助收入”“行政补助收入”“事业收入”“投资收益”等账户。

（5）支出类账户包括“职工活动支出”“维权支出”“业务支出”“行政支出”“资本性支出”“补助下级支出”“事业支出”等账户。

4. 账户的基本结构。

为了正确反映账户的具体内容，账户要有一定的结构，即反映其内容的组成要素。账户的结构，是指登记经济业务内容账页的具体格式，其基本结构用“T”字表示，反映经济业务引起资金运动数量变化的增加和减少两种情况。在借贷记账法下，账户的左方为“借方”，右方为“贷方”，并分别反映其余额。

各种经济业务的资金活动，从其数量方面看，不外乎增加或者减少两种情况。同时还要反映资金变动的结果，即资金结余的情况。因此，账户也就需要分为三个部分：一部分记录资金的增加；一部分记录资金的减少；一部分反映资金的结余数额。

（1）借贷记账法账户的一般格式。

一级科目：

二级科目：

表5-2　账户的一般格式

时间	凭证字号	摘要	借方	贷方	借或贷	余额

（2）“T”字账户的结构。账户左右相对称的两方，分别用来记录其增加金额和减少金额，增减金额相抵减后的差额叫余额。因此，每个账户都能提供期初余额、本期发生额和期末余额三个核算指标。不同类别账户的结构是有区别的。

表5-3　“T”字账户的结构

<table>
<tr><td colspan="2">账户名称</td></tr>
<tr><td>借方</td><td>贷方</td></tr>
<tr><td></td><td></td></tr>
<tr><td></td><td></td></tr>
</table>

资产类（支出类）账户结构：借方登记增加数，贷方登记减少数，资产类期末有借方余额，支出类期末结转至结余账户后无余额。资产类（支出类）账户计算公式为：资产类账户期末余额=期初余额+本期借方发生额-本期贷方发生额。资产类（支出类）账户结构可表示如下：

表5-4　资产类账户

资产类账户	
借方	贷方
期初余额（支出类无期初余额）： 本期增加数：	本期减少数：
本期发生额合计： 期末余额（支出类无期末余额）：	本期发生额合计：

负债类（净资产类、收入类）账户结构与资产类账户登记方向相反，其结构：借方登记减少数，贷方登记增加数，负债类和净资产类期末为贷方余额，收入类期末结转至结余账户后无余额。其计算公式为：负债类账户期末余额 = 期初余额 + 本期贷方余额 - 本期借方发生额。负债类账户（净资产、收入类）账户结构可表示如下：

表5-5　负债类账户

负债类账户	
借方	贷方
本期减少：	期初余额（收入类无期初余额）： 本期增加数：
本期发生额：	本期发生额： 期末余额（收入类无期末余额）：

5. 会计科目和账户的联系与区别。

会计科目是设置账户的依据，是账户的名称，账户是根据会计科目开设的，是会计科目的具体运用。会计科目本身没有结构，而账户则有相应的结构；能够具体地记录资金的增减变动情况及其结果；账户的内容比会计科目更为丰富。

四、会计凭证

会计凭证是记载经济业务发生，明确经济责任的书面文件，是记账的依据。工会工作中每发生一项经济业务，都需要取得原始凭证，并据以编制记账凭证。通过会计凭证的填制和审核，可以保证会计核算资料的真实性、可靠性、合理性，监督各项经济业务遵循财经纪律、法规和制度，发挥会计在经济管理中的作用。

（一）会计凭证的种类

会计凭证按填制程序和用途分为原始凭证和记账凭证。

1. 原始凭证。

原始凭证是在经济业务发生或完成时取得的书面证明，是记录证明经济业务已经发生或完成的原始凭证，是明确经济责任和记账凭证的原始资料。

（1）原始凭证的种类。原始凭证按其取得的来源不同，可分为自制原始凭证和外来原始凭证。

一是自制原始凭证。自制原始凭证，是由本工会经办业务的部门和人员在办理经济业务时所填制的凭证。例如，工资单、借款单、收款依据、差旅费报销单等。

二是外来原始凭证。外来原始凭证，是经济业务发生时，从外部单位或个人取得的原始凭证。例如，发货票、车船票等。

（2）原始凭证的内容。所有的原始凭证（包括自制的和外来的）都必须具备以下基本内容：凭证的名称；填制凭证的日期和编号；填制凭证的单位名称或者填制人姓名；经办人员的签名或盖章；接受凭证的单位名称；经济业务的内容，包括发生经济业务的项目、数量、单价、金额等。

2. 记账凭证。

记账凭证是会计人员根据审核无误的原始凭证进行归类、整理、记载经济业务，确定会计分录，据以登记账簿的一种会计凭证。

（1）记账凭证的种类。记账凭证一般可分为收款凭证、付款凭证、转账凭证三种。对于经济业务不多的单位，可以不分收款凭证、付款凭证、转账凭证，而只用一种通用的“记账凭证”来记录各种经济业务。记账凭证的格式如下：

表5－6　记账凭证

编制单位：　　　　年　月　日　　　　凭证编号：

摘要	总账科目	明细科目	记账符号	借方金额	记账符号	贷方金额
合计						

财务主管：　　记账：　　出纳：　　审核：　　制单：

表5－7　收款凭证

借方科目：　　　　年　月　日　　　　收字　号

摘要	贷方总账科目	明细科目	记账符号	余额
合计				

财务主管：　　记账：　　出纳：　　审核：　　制单：

表5－8　付款凭证

贷方科目：　　　　年　月　日　　　　收字　号

摘要	借方总账科目	明细科目	记账符号	余额
合计				

财务主管：　　记账：　　出纳：　　审核：　　制单：

表5-9　转账凭证

编制单位：　　　　　　　年　　月　　日　　　　　　　转字　　号

摘要	总账科目	明细科目	记账符号	余额
合计				

财务主管：　　　记账：　　　出纳：　　　审核：　　　制单：

（2）记账凭证的内容。记账凭证应具备以下基本内容：填制凭证的日期；凭证的编号；经济业务内容摘要；会计科目（包括明细科目）；金额（包括合计金额）；所附原始凭证的张数；填制凭证的人员、稽核人员、记账人员、会计机构负责人、会计主管人员的签名或签章。收款和付款记账凭证还应当由出纳人员签名或者盖章。

工会所使用的各种会计凭证和会计账簿的内容和格式，应当遵守《工会会计制度》的要求，并符合《中华人民共和国会计法》《会计基础工作规范》和《会计档案管理办法》等的规定。工会在填制会计凭证、登记会计账簿时，应当填列会计科目的名称，或者同时填列会计科目的名称或编号。不得只填列科目编号，不填列科目名称。

（二）会计凭证的填制和审核

1. 会计凭证填写的基本要求。

填写会计凭证，字迹必须清晰、工整，并符合下列要求。

（1）阿拉伯数字应当一个一个地写，不得连笔写。阿拉伯数字前面应当写货币币种符号或者货币名称简写和币种符号。币种符号与阿拉伯金额数字之间不得留有空白。凡是阿拉伯数字前写有币种符号的，数字后面不再写货币单位。

（2）所有以元为单位（其他货币种类为货币基本单位，下同）的阿拉伯数字，除表示单价等情况外，一律填写到角分；无角分的，角位和分位可写“00”，或者符号“——”；有角无分的，分位应当写“0”，不得用符号“—”代替。

（3）汉字大写数字金额，如零、壹、贰、叁、肆、伍、陆、柒、捌、玖、拾、佰、仟、万、亿等，一律用正楷或者行书体书写，不得用〇、一、二、三、四、五等简化字代替，不得任意自造简化字。大写金额数字到元或者角为止的，在“元”或者“角”字后应当写“整”字或者“正”字；大写金额数字有分的，分字后面不写“整”或者“正”字。

（4）大写金额数字前未印有货币名称的，应当加填货币名称，货币名称与金额数字之间不得留有空白。

（5）阿拉伯金额数字中间有“0”时，汉字大写金额要写“零”字。如￥804.00，大写为：人民币捌佰零肆元整。阿拉伯金额数字元位是“0”，或者数字后连续有几个“0”（元位也是“0”），当角位不是“0”时，汉字大写金额可以不写“零”字。如￥5,300.60，大写为：人民币伍仟叁佰元陆角整。

（6）原始凭证要用蓝黑色或黑色墨水笔书写，字迹清楚、规范，填写支票必须使用碳素墨水笔，属于套写的凭证，必须一次套写清楚。

2. 原始凭证的填制和审核。

（1）原始凭证的填制方法和要求。

一是符合实际情况。凭证填制的内容、数字等，必须根据实际情况填列，确保原始凭证所反映的经济业务真实可靠，符合实际情况，从外单位取得原始凭证如有遗失，应取得原签发单位盖有公章的证明，并注明原来凭证的号码、金额和内容等。由经办单位负责人批准后，才能代作原始凭证。如果确定不能取得证明的，如车、船票等，由当事人写出详细情况，单位负责人批准后，代作原始凭证。

二是明确经济责任。自制原始凭证，必须有经办单位负责人或经办人签名或盖章；对外开出的原始凭证，必须加盖本单位的公章；从外单位取得的原始凭证，必须盖有填制单位公章；从个人取得的原始凭证，必须有填制人的签名或盖章。

三是填写内容齐全。原始凭证的各项内容，必须详尽地填写，不得遗漏，而且凭证填写的手续必须完备，符合内部牵制制度。购买实物的原始凭证，必须有验收证明；支付款项的原始凭证，必须有收款单位和收款人的收款证明。凡填写大写和小写金额的原始凭证，大写和小写金额必须相等，字迹要清晰、工整、不得潦草；一式几联的原始凭证，应当注明各联的用途，只能以一联作为报销凭证；一式几联的发票和收据，必须用双面复写纸套写（发票和收据本身具备复写纸功能的除外），并且连续编号；作废时加盖“作废”戳记，连同存根一起保存，不得撕毁；退款时，必须取得对方的收款收据或汇款单，不得以退货发票代替收据；公出借款的凭据，必须附在记账凭证上；收回借款时，应当另开收据或者退回借据副本，不得退还原借据；经上级有关部门批准的经济业务，应当在凭证上注明批准机关名称、日期和文件号。

（2）原始凭证的审核。原始凭证的审查和核对，是实行会计监督的重要一环，必须从严控制。只有经过严格审查并符合规定要求的原始凭证，才能作为编制记账凭证和登记明细账的依据。原始凭证主要从以下两个方面进行审核。

一要从政策、法令、制度方面审核凭证的合法性、真实性。包括：原始凭证的内容是否符合国家财经制度和有关经济合同的要求；凭证日期、业务内容、金额、凭证来源、凭证本身是否真实等。对于伪造、涂改、经济业务不合法的凭证，应拒绝受理，并及时报告领导处理。

二要从业务技术方面审核凭证填制的完整性、准确性。包括：原始凭证的基本内容是否逐项填写；经济活动内容的说明是否明确；数字计算是否准确；大小写金额是否一致；有关人员是否签章；有无刮擦挖补涂改现象。如果发现不完整、不准确，不符合规定的凭证，应退回补填或更正。

3. 记账凭证的填制和审核。

（1）记账凭证填制的方法和要求。填制记账凭证，是要求由会计人员将各项记账凭证要素按规定方法填写齐全，便于账簿登记。各种记账凭证除严格按原始凭证的填制要求填制外，还应注意以下填制要求。

一是凭证摘要简明。记账凭证的摘要栏要用简练明确的语句概括经济业务内容的要点，这主要是为了便于查阅凭证和登记账簿。

二是业务记录明确。记账凭证可以根据每一张原始凭证填制，或者根据若干张同类的原始凭证汇总填列，也可以根据原始凭证汇总表填制。但不得将不同内容和类别的经济业务的原始凭证汇总填制在一张记账凭证上。以自制的原始凭证或原始凭证汇总表代替记账凭证的，必须具备记账凭证应有的项目。

三是科目运用准确。必须按规定的会计科目及其核算内容，正确编制会计分录，确保科目的准确运用。

四是附件数量完整。除结账和更正错账的记账凭证可以不附原始凭证外，其他记账凭证都必须附有原始凭证。如果一张原始凭证涉及几张记账凭证，可以把原始凭证附在一张主要的记账凭证后面，并在其他记账凭证上注明附有该原始凭证的记账凭证的编号或者附原始凭证复印件；一张原始凭证所列支出需要几个单位共同负担的，应当将其他单位负担的部分，并给对方原始凭证分割单进行结算；原始凭证分割单必须具备原始凭证的基本内容以及支出分摊情况等。

五是填写内容齐全。记账凭证中的各项内容必须填写齐全，并按规定程序办理签章手续，不得简化，实行会计电算化的单位，对于机制记账凭证，要认真审核，做到会计科目使用正确，数字准确无误；打印出的机制记账凭证要加盖制单人员、审核人员、记账人员及会计机构负责人、会计主管人员印章或者签名。

六是凭证顺序编号。填制记账凭证时，应当对记账凭证按会计事项处理的先后顺序进行连续编号。一笔经济业务需要填制两张以上记账凭证的，可以采用分数编号法编号。

七是填写格式规范。如果在填制记账凭证时发生错误，应当重新填制；已经登记入账的记账凭证，在当年内发现填写错误时，可以用红字填写一张与原内容相同的记账凭证，在摘要栏注明“注销某月某日某号凭证”；如果会计科目没有错误，只是金额错误，也可以将正确数字与错误数字之间的差额，另编制一张调整的记账凭证，调增金额用蓝字，调减金额用红字；发现以前年度记账凭证有错误的，应当用蓝字填制一张更正的记账凭证；记账凭证填制完经济业务事项后，如有空行，应当自金额栏最后一笔金额数字的空行处至合计数上的空行处划线注销。

（2）记账凭证的审核。只有经过审核确认无误的记账凭证，才能作为登记账簿的根据，可以从以下两个方面对记账凭证进行审核。

一要从政策、法令、制度方面审核其合法性、真实性。记账凭证记录的内容是否与所附凭证相符，所列会计分录是否符合制度规定，对于不符合制度规定的记账凭证应及时纠正。

二要从业务技术方面审核其完整性、准确性。包括：内容是否填写齐全；手续是否齐备；账户使用是否正确；对应账户的金额是否平衡；所附附件张数是否相等；有关人员是否签章等。如发现错误，应查明原因，加以更正。

（三）会计凭证的传递和保管

1. 会计凭证的传递。

会计凭证的传递，是指从经济业务发生，取得原始凭证开始，直到会计凭证归档保管为止的传递程序。

会计凭证能否及时传递并进行处理，直接关系到会计核算工作的正确、及时，各单位可根据自身情况，规定各种凭证的传递程序，保证按期、按质、按量完成核算任务。

2. 会计凭证的保管。

会计凭证是重要的经济档案和历史资料，必须加强保管，防止散失，保证其安全完整。

（1）各种记账凭证，连同所附的原始凭证，按编号顺序折叠整齐，按期装订成册，并加具封面、封底；注明单位名称、年度、月份和起止日期、凭证种类、起止号码，由装订人在装订线封签处签名和盖章。对于数量过多的原始凭证，可以单独装订保管，在封面上注明记账凭证日期、编号、种类，同时在记账凭证上注明“附件另订”和原始凭证名称及编号。

（2）会计凭证应加贴封条，防止抽换凭证。原始凭证不得外借，其他单位如因特殊需要使用原始凭证时，经本单位会计机构负责人，会计主管人员批准，可以复制，向外单位提供的原始凭证复制件，应在专设的登记簿上登记，并由提供人员和收取人员共同签名和盖章。

（3）每年装订成册的会计凭证，在年度终了时可暂由单位会计机构保管一年，期满后应移交本单位档案机构统一保管；未设立档案机构的，应当在会计机构内部指定专人保管，出纳人员不得监管会计档案。

（4）会计凭证保管期满后，按规定程序报经批准后，方可销毁。

五、会计账簿

（一）会计账簿的作用

会计账簿是由具有专门格式并相互联系的若干账页组成的，以会计凭证为依据，用来连续、系统、全面、完整地登记工会各项经济业务的簿记。

设置和登记账簿作为会计核算的一项重要内容，在经济管理中具有重要作用。账簿的主要作用如下。

1. 账簿是连续、系统、全面、完整地登记各项经济业务的工具。通过设置和登记账簿，就能把会计凭证所提供的大量分散的核算资料，按照一定的程序，分门别类地登记到各个账户中，以便取得完整的核算资料。

2. 账簿资料是编制会计报表的主要依据。通过设置和登记账簿，可以为运营管理提供比较系统、完整的会计核算资料；账簿中总分类核算和明细分类核算的资料，是编制会计报表的主要依据。

3. 账簿资料是检查、分析经济活动的依据。通过账簿的设置与登记可以确定收入及支出的形成，提供收入与支出形成的详细内容，为工会进行相关决策提供依据，还可以检查、分析经济活动，考核收入和支出的执行情况。

（二）会计账簿的种类

账簿可以按不同的标准进行分类，分类的方法主要有以下三种。

1. 按用途分类。

账簿按用途分类，可以分为序时账簿、分类账簿和备查账簿。

（1）序时账簿。序时账簿又称日记账，是对各项经济业务按其发生时间的先后顺序，逐日逐笔连续进行登记的账簿。主要包括现金日记账和银行存款日记账两种，这两种日记账均由出纳员负责登记，每天结出余额。日记账又称特种明细账，采用订本式账簿。

（2）分类账簿。分类账簿又称分类账，是对全部经济业务按总分类账户和明细分类账户进行分类登记的账簿。分类账簿按其反映指标的详细程度划分，分为总分类账簿和明细分类账簿两种。

总分类账簿（总账）是根据总分类科目开设，用以记录全部经济业务总括核算资料的分类账簿，是登记工会全部资金变动及其结果总括情况的账簿，总账一般采用“借方”“贷方”“余额”三栏式账页，总账一般采用订本账。

明细分类账（明细账）是根据总账科目所属的明细科目设置，用以记录某一经济业务明细核算资料的分类账，明细账能提供比较详细的核算资料，对总账所记载的经济业务起补充作用。明细账一般使用活页账或卡片账。明细分类账的格式可分为三栏式、数量金额式和多栏式三种。

（3）备查账簿。备查账簿又称辅助账簿，是对某些不能在日记账和分类账中记录的经济事项或记录不全的经济业务进行补充登记的账簿。主要是为某些经济业务的管理决策提供必要的登记簿等。备查账簿没有固定的格式，其格式可由各单位根据管理的需要及不同经济业务情况自行设置，也可以使用分类账的账页格式。备查账的登记依据可以没有原始凭证和记账凭证，登记的方法可以采用单式记账，也可以采用文字记录。

2. 按形式分类。

账簿按形式分类，可以分为订本式账簿、活页式账簿和卡片式账簿。

（1）订本式账簿。订本式账簿是在账簿启用以前，就把若干顺序编号的账页装订在一起的账簿。采用订本式账簿，可以避免账页散失，并防止抽换账页，订本式账簿主要适用于总分类账和现金、银行存款日记账。

（2）活页式账簿。活页式账簿是把若干张零散的账页，根据业务需要，自行组合成的账簿。由于活页式账簿中的账页容易散失和被抽换，空白账页在使用时必须按照顺序编号并装置在账夹内，在更换新账后，要装订成册或予以封扎，并妥善保管。活页式账簿主要适用于各种明细账。

（3）卡片式账簿。卡片式账簿是利用卡片进行登记的账簿。采用卡片式账簿的优缺点与活页式账簿基本相同，在登记卡片式账簿时，必须按照顺序编号并装置在卡片箱内，由专人保管，主要适用于记录内容比较复杂的财产明细账，如固定资产卡片。

3. 按格式分类。

账簿按格式可分为三栏式账簿、数量金额式账簿和多栏式账簿。

（1）三栏式账簿。账页上设有借方、贷方和余额三个基本金额栏的账簿，特种日记账、总分类账和结算账户等可以采用三栏式账簿。三栏式账簿适用于只需要进行金额核算的科目，如“借出款”“借入款”“应付工资（离退休费）”等。

（2）数量金额式账簿。账页上设有借方、贷方和余额三个基本金额栏，在每一个基本栏下分设数量、单价、金额等小栏的账簿。数量金额式明细账，设有收入、发出、结存的数量栏和金额栏，适用于既要登记金额又要登记数量的科目，如“库存物品”。

（3）多栏式账簿。账页上设有借方和贷方两个基本金额栏，在借方或贷方基本栏下再分设若干小栏的账簿。如多栏式明细账，是根据经济业务的特点和经济管理的需要，在明细账页中设置若干栏目，适用于“职工活动支出”“行政支出”等账户的明细分类核算，可以只按借方分项设若干栏，分别登记各项目的金额。月末，在有关栏内的末行，用红字登记，即表示贷方发生额和冲减借方发生额。

（三）记账的基本规则

为了保证账簿记录得正确、完整，明确责任，记账工作应当做到登记及时、内容真实、数字准确、摘要清楚。同时，还必须遵守以下有关规定。

1. 启用账簿的规则。

为了确保账簿的合规和完整，明确记账责任，启用新账簿时，应当在账簿封面写明单位名称和账簿名称。在账簿扉页上应当附启用表，内容包括：启用日期、账簿页数（活页账应在装订成册后填明页数）、记账人员、会计机构负责人和主管会计人员签章，并加盖公章。记账人员或者会计机构负责人，会计主管人员变动时，应注明交接日期和接办人员姓名或监督交接人员的姓名，并由交接人双方签名或盖章。

2. 登记账簿的规则。

（1）为了保证账簿记账正确，要根据审核无误的会计凭证进行登记。不许凭空记账；不许伪造凭证；不许弄虚作假；不许设账外账。

（2）登记账簿要用蓝黑墨水或者碳素墨水笔书写，不得使用圆珠笔或者铅笔书写，红色墨水笔只能用划线、改错和冲账。

（3）账簿中书写的文字和数字上面要留有适当空格，不要写满格，一般应占格距的二分之一。这样在发生登记错误时，比较容易进行更正，同时也方便查账工作。

（4）登记账簿时，应将记账凭证的日期、编号、业务内容摘要、金额和其他有关资料逐项记在账内，以便查考；登记完毕后，要在记账凭证上签名或者盖章，同时在记账凭证的“账页”栏内注明页数或作一个“√”，表示已经记账，以免重记和漏记。

（5）记账金额以人民币“元”为单位，元以下记到角、分，分以下四舍五入。实物量应按国家规定的计量单位记账，如千克、吨、米等。

（6）各种账簿按页次顺序连续登记，不能跳行、隔页。如不慎发生跳行、隔页，应当将空行、空页划线注销，或者注明“此行空白”“此页空白”字样，订本账发生跳页时，不能撕毁，应在空页上划四角交叉红线注销。空行跳页划线后，并由记账人员签名或者盖章。

（7）凡需要结出余额的账户，结出余额后，应在“借”或“贷”等栏内写明“借”或“贷”等字样，没有余额的账户，应在“借”或“贷”等栏内写“平”字，并在余额栏内用“0”表示。现金日记账和银行存款日记账必须逐日结出余额。

（8）每一账页登记完毕结转下页时，应结出本页发生额合计数及余额，写在本页最后一行和下页第一行有关栏内，并在摘要栏内注明“过次页”和“承前页”字样，也可以只写在下页第一行有关栏内，并在摘要栏内注明“承前页”字样。

（9）实行会计电算化的单位，应当定期打印总账和明细账。

3. 更正错账的规则。

为了使账簿清楚整洁，不得在账簿的空白处任意填写数字或用文字附注。记账中如果出现错误，不得涂改、刮擦、挖补、撕毁账页或使用褪色药水；不准重新抄写，应根据具体情况，按照下列方法进行更正。

（1）划线更正法，划线更正法又叫直接改正法和红线更正法，结账前发现账簿记录中的文字或数字有错，而记账凭证无错，可采用划线更正法。

更正时，先在错误的文字或数字上面划一条红线，以示注销。但必须使原有字迹可以辨认，以备考查，然后在划线的上方用蓝字填写正确的文字或数字，并由记账人员在更正处盖章，以明确责任。采用划线更正法进行错账更正时应注意，对于文字差错，可只划去错误部分，不必将与错字相关联的其他文字划去，但对于数字差错，应将错误的数额全部划线，不得只划其中个别数字。例如，将2,387.00误记为2,378.00，应在2,378.00上划一条红线，并全部划掉更正为2,387.00。而不能只划“78”两个数字并改为“87”。

（2）红字更正法。红字更正法又称红字冲销法。在会计上，以红字记录表明对原记录的冲减。红字更正法适用于以下两种情况。

第一，根据记账凭证所记录的内容记账以后，发现记账凭证中的应借、应贷会计科目或记账方向有错误，应采用红字更正法。进行更正时，先用红字金额填制一张与原内容一致的记账凭证，据以用红字金额登记入账，在摘要栏内注明“冲减某年某月某日某号凭证错误”，冲销原错误记录。然后用蓝字填写一张正确的凭证，重新登记入账。

例如，2×17 年 2 月 1 日，某县工会用现金 210 元购买胶水、纸张等办公用品，在记账凭证中，误将办公用品作为固定资产登记入账。

会计处理如下：更正时，先填写红字金额凭证，并据以用红字金额登记入账：

借：资本性支出　　　　210（红字）
　　贷：库存现金　　　　　210（红字）
借：固定资产　　　　　210（红字）
　　贷：固定基金　　　　　210（红字）

再用蓝字填制正确的凭证，重新登记入账：

借：行政支出　　　　　210
　　贷：库存现金　　　　　210

第二，科目正确，实记金额大于应记金额进行更正时，将多记金额填制记账凭证，据以红字金额入账，冲销其大于应记金额的差额，改正错账。

例如，2×17 年 2 月 5 日，某县工会用银行存款2,890元购置一台打印设备，误将凭证填写为2,980元，并已入账。

会计处理如下：更正时，填制以下红字金额凭证，予以冲正：

借：资本性支出　　　　　　90（红字）
　　贷：银行存款　　　　　　　90（红字）
借：固定资产　　　　　　　90（红字）
　　贷：固定基金　　　　　　　90（红字）

（3）补充登记法。在记账以后，发现所记金额小于应记金额，采用此法更正。更正时，将少记金额，用蓝字填写一张记账凭证，登记入账，以补充少记的金额。

例如，2×17 年 2 月 12 日，工会收到上级工会的补助通知书（假设全部归属于本级工会），但未收到银行收账单，款项为120,000元，记账凭证误填为100,000元，并已入账。

会计处理如下：更正时，用蓝字填制一张20,000元的凭证，据以入账：

借：应收上级经费　　　　20,000
　　贷：拨缴经费收入　　　　20,000

4. 总分类账与明细分类账平行登记的规则。

总账和所属明细账采用平行登记的方法。

（1）依据相同。登记总账和所属明细账的记账凭证和原始凭证是相同的。

（2）方向一致。总账账户登记在贷方，所属明细账也应登记在贷方；总账账户登记在借方，所属明细账也登记在借方。

（3）金额相等。总账账户中登记的每一笔业务的金额应同所属各明细账户中登记的金额之和相等（总账、明细账有的是汇总登记）。

（4）同期登记。对每笔经济业务，要在有关总账账户中登记；需设明细账的，也必须在同一会计期间内登记所属明细账账户。

根据总分类账与其所属明细分类账的平行登记规则记账之后，总分类账与明细分类账之间产生了下列数量关系。

一是总分类账有关账户本期发生额与其所属各个明细分类账本期发生额的合计数之和必然相等。以公式表示为：总账本期发生额 = 所属明细账本期发生额合计。

二是总分类账有关账户期末余额与其所属各个明细分类账户期末余额之和必然相等。以公式表示为：总账期末余额 = 所属明细账期末余额合计。

在会计核算工作中，利用总账和明细账的这种关系，可以检查账簿登记是否完整，从而保证其正确性。

（四）结账和对账

为了总结一定时期内（月、季、年）的运营活动及财务成果，便于及时、正确地编制会计报表，必须定期进行结账和对账工作。

1. 结账。

结账就是将一定时期内所发生的各项经济业务全部登记入账，并结出本期发生额和余额。

（1）结账前，必须将本期内所发生的各项经济业务全部登记入账。

（2）结账时，应当结出每个账户的期末余额。需要结出当月发生额的，应当在摘要栏内注明“本月合计”字样，并在下面通栏划单红线；需要结出本年累计发生额的，应当在摘要栏内注明“本年累计”字样，并在下面通栏划单红线；12 月末的

“本年累计”就是全年累计发生额，全年累计发生额下面应当通栏划双红线；年度终了结账时，所有总账账户都应当结出全年发生额和年末余额；年度终了，要把各账户的余额结转到下一个会计年度，并在摘要栏内注明“结转下年”字样；在下一会计年度新建有关会计账簿的第一行余额栏内填写上年结转的余额，并在摘要栏内注明“上年结转”字样。

2. 对账。

对账就是定期核对账簿与账簿、账簿与凭证的记录以及账簿记录与实物是否相符，做到账证、账账、账表完全相符，从而保证会计资料的可靠性和准确性。

（1）账证核对。核对会计账簿记录与原始凭证；记账凭证的时间、凭证字号、内容、金额是否一致；记账方向是否相符。

（2）账账核对。核对不同会计账簿之间的账簿记录是否相符，包括：总账有关账户的余额核对；总账与明细账核对；总账与日记账核对；会计部门的财产物资明细账与财产物资保管和使用部门的有关明细账核对等。

（3）账实核对。核对会计账簿记录与财产等实有数额是否相等。包括：现金日记账账面余额与现金实际库存数相核对；银行存款日记账账面余额定期与银行对账单相核对；各种财务明细账账面余额与财务实存数额相核对；各种应收、应付款明细账账面余额与有关债务、债权单位或者个人核对等。

（4）账表核对。每当月度、季度、年度终了时，都应在结账的基础上根据账簿的资料来编制会计报表，并认真加以核对，以保证账表相符。

（五）账簿的更换和保管

1. 账簿的更换。

总账、日记账和大部分明细账每年更换一次，但有些明细账不需要换，如固定资产明细账或固定资产卡片等，可以跨年度连续使用，只在账户的最后余额下面划一道红线，表示已经结账，从而简化核算工作。

年度终了，需要更换新账的，对有余额的账户，其余额可直接记入下年新账，在新账第一行“摘要”栏内注明“上年结转”字样，在余额栏内记入上年余额数。

2. 账簿的保管。

年度结束后，将使用的活页账装订成册，连同订本账统一编号。会计账簿由本单位财务部门保管一年；期满后，由财务会计部门编造清册移交本单位的档案部门保管。

六、会计核算程序

会计核算程序，是指从填制和审核原始凭证、记账凭证，登记各种账簿到编制会计报表的全过程。账务处理程序是做好会计工作的一个重要前提，它对于确保会计信息处理工作有条不紊地进行，提高会计工作的质量和效率，正确、及时地编制会计报表等，都有着非常重要的作用。工会一般采用记账凭证账务处理程序或科目汇总表账务处理程序。

（一）记账凭证账务处理程序

记账凭证账务处理程序，是指对发生的经济业务，都要以原始凭证或原始凭证汇总表为依据编制记账凭证，根据记账凭证直接登记总分类账的一种账务处理程序。

记账凭证账务处理程序是会计核算中一种最基本的账务处理程序，其基本特征是直接根据记账凭证逐笔登记总分类账。其记账凭证可以采用收款凭证、付款凭证和转账凭证三种形式；也可以采用单一的通用记账凭证。设置的账簿主要有现金日记账、银行存款日记账、总分类账和明细分类账。

记账凭证账务处理程序的具体步骤如下。

1. 会计人员根据原始凭证填制记账凭证。

2. 出纳员根据记账凭证或原始凭证登记现金日记账、银行存款日记账。

3. 根据记账凭证和原始凭证登记各种明细账。

4. 根据记账凭证逐笔登记总账。

5. 总账与日记账、明细账定期核对。

6. 根据总账和有关明细账编制会计报表。

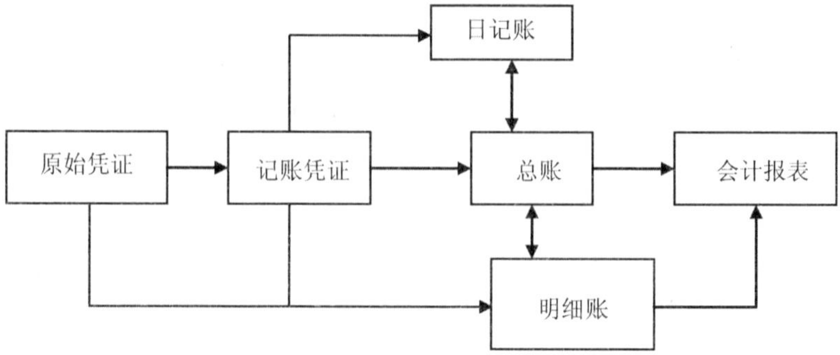

图5－1　记账凭证账务处理程序

（二）科目汇总表账务处理程序

科目汇总表账务处理程序是指对发生的经济业务，在以原始凭证或原始凭证汇总表编制记账凭证后，根据记账凭证定期编制科目汇总表，然后再根据科目汇总表登记总账，并据此编制会计报表的一种账务处理程序。科目汇总表账务处理程序的主要特点是先将记账凭证按照相同的会计科目归类汇总，编制科目汇总表，然后根据科目汇总表登记总分类账。

科目汇总表是一种汇总的记账凭证，它将汇总期内（如每十天或每半个月）的全部记账凭证，按照相同科目归类汇总。在科目汇总表上，每一会计科目的本期借方发生额和贷方发生额只反映汇总后的合计数。因此，根据会计科目汇总表登记总账，每一个总账账户每月最多记三笔。

科目汇总表账务处理程序的具体步骤如下。

1. 会计人员根据原始凭证填制记账凭证。

2. 出纳员根据记账凭证或原始凭证登记现金日记账、银行存款日记账。

3. 根据记账凭证或原始凭证登记明细账。

4. 根据记账凭证定期编制科目汇总表。

5. 根据科目汇总表登记总账。

6. 期末，总账余额与日记账余额、明细账余额核对相符。

7. 期末，根据总账与有关明细账编制会计报表。

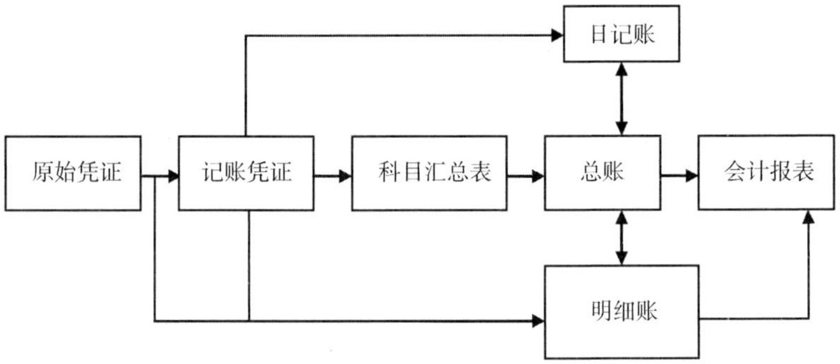

图5-2 科目汇总表账务处理程序

采用科目汇总表账务处理程序，优点是可以简化总分类账的登记工作，减轻登记总分类账的工作量，还可以起到试算平衡的作用，减少记账差错。但是在这种程序下，记账凭证经过汇总后，不能明确反映账户的对应关系，不便于分析检查经济业务的来龙去脉，不便于查对账目。这种账务处理程序一般适用于经济业务量比较大的单位。

第四节　工会会计基础工作规范

会计管理是财务管理的重要组成部分。工会会计工作是一项综合性很强、严密细致的经济管理工作，依据法律、法规和制度，熟悉并严格执行会计基础工作规范，规范工会会计行为，保证会计信息质量，科学合理地组织工会会计工作，对于全面完成会计工作任务，促进工会组织的健康发展具有十分重要的意义。

一、会计法规体系

会计法规是国家和地方立法机关以及中央、地方各级政府和行政部门制定颁布的管理会计工作的各种法律、法规、准则和制度等规范性文件的总称。它是以一定的会计理论为基础，根据国家的财经方针、政策，将会计工作所应遵循的各项原则和方法用法规的形式确定下来，保证会计工作按照一定的标准进行。

（一）法规类别

我国会计法规体系按各法规之间的相互关系，可分为三个层次。第一个层次是会计法律，即《会计法》。它是由全国人大常委会审议通过的，是我国会计工作的根本大法，是从事会计工作、制定其他会计法规的依据。第二个层次是会计行政法规，它是由国务院制定发布或批准发布的有关会计工作的法律规范，如《总会计师条例》《企业财务会计报告条例》等。第三个层次是部门规章和规范性文件，它是由主管全国会计工作的行政部门，即财政部就会计工作中的某些方面内容所制定或审核批准的规章和规范性文件，如《企业会计准则——基本准则》《工会会计制度》等。

会计法规按其内容可分为四类：第一类是关于会计核算方

面的法规，如《企业会计准则》《工会会计制度》等；第二类是有关会计监督方面的法规，如《企业内部控制基本规范》；第三类是有关会计机构和会计人员方面的法规，如《总会计师条例》；第四类是会计工作管理方面的法规，如《会计档案管理办法》《会计电算化管理办法》等。

（二）会计法

新中国成立后的第一部《会计法》是1985年1月21日第六届全国人大常委会第九次会议审议通过的，并于同年5月1日起实施。为了适应改革开放和经济发展的要求，1993年12月29日第八届全国人大常委会第五次会议通过了《关于修改会计法的决定》，对《会计法》作了第一次修正，自公布之日起施行。针对假账泛滥、会计信息失真严重等问题，1999年10月31日第九届全国人大常委会第十二次会议对《会计法》进行了修订，自2000年7月1日起实施。根据2017年11月4日第十二届全国人大常委会第三十次会议《关于修改〈中华人民共和国会计法〉等十一部法律的决定》第二次修正，以中华人民共和国主席令第八十一号公布，自2017年11月5日起施行。

修订后的《会计法》主要有以下一些重大变化。

（1）突出了规范会计行为，保证会计资料质量的立法宗旨。

（2）突出强调单位负责人对本单位会计工作和会计资料的真实性、完整性负责。

（3）进一步完善会计核算规则。

（4）对公司、企业会计核算作出了特别规定。

（5）强化了会计监督。

（6）规定国有大、中型企业必须设置总会计师。

（7）对会计从业资格管理作出了规定。

（8）加大了对会计违法的惩治力度，对单位和个人的法律责任作出具体规定，增强了可操作性。

（9）增强了与国际惯例的协调，使会计规则成为市场经济的基础规则之一。

第二次修正的《会计法》删除了关于从事会计工作的人员必须取得会计从业资格证书等规定，对会计人员应当具备从事会计工作所需要的专业能力、遵守职业道德、违法会计人员五年内不得从事会计工作或者不得再从事会计工作等作出了规定。这是贯彻“放管服”改革要求、促进会计人员管理职能转变的重要措施。

（三）会计制度

会计制度是进行会计工作、处理会计事务的具体办法和规定。一般包括会计科目的设置、核算内容和核算方法，会计报表的格式及填制方法等。《会计法》规定，“国家实行统一的会计制度”。“国家统一的会计制度，是指国务院财政部门根据本法制定的关于会计核算、会计监督、会计机构和会计人员以及会计工作管理的制度”。

我国会计制度划分为三大体系，即企业会计制度体系、民间非营利组织会计制度体系和预算会计制度体系。工会会计属于预算会计制度体系，此类别会计活动围绕着收入、支出进行，这些单位没有利润指标，保证预算资金的正常运行，促进单位顺利履行职责，是会计活动的首要目标。

（四）工会会计管理遵循的法律法规和制度

根据工会经费独立管理的原则，依据《工会法》和《会计法》，新《工会会计制度》在全国工会系统实施后，全国总工会以贯彻落实新《工会会计制度》为契机，对现行的工会财务会计规章制度进行了全面修订，并根据当前工会财务工作的实际需要，进一步健全完善工会财务会计制度体系，相继修订了

《工会预算管理办法》《基层工会经费收支管理办法》等制度，并出台了《工会财务会计管理规范》等一系列新的制度规定。各省级工会结合本地实际制定了具体实施办法和实施细则，完善了各项财务规章制度。

各级工会应当按照《工会法》《会计法》《行政单位会计制度》、财政部《关于会计基础工作规范》的相关规定，以及《工会会计制度》的规定要求，规范工会会计工作：设置会计人员，进行会计核算，填制会计凭证、登记会计账簿、编制财务会计报告。各单位应当建立财务收支审批制度和会计人员岗位责任制。

二、会计工作管理体制

会计工作管理体制包括确定会计工作的管理部门、设置会计工作机构、确定会计工作组织形式、搞好会计工作岗位责任制等方面的问题。

（一）会计工作管理部门

《会计法》规定，国务院财政部门主管全国的会计工作，县级以上地方各级人民政府财政部门管理本行政区域内的会计工作。这就规定了会计工作由财政部门主管并明确在管理体制上实行“统一领导、分级管理”的原则。财政部门依照《会计法》的规定对工会的财务会计工作进行管理和监督。

对会计工作的管理，除了发挥财政部门的作用外，还要发挥业务主管部门的作用。各级工会依照《工会法》和有关法规政策等的规定，对下级工会的财务会计工作进行指导和监督。各级工会委员会向同级会员大会或者会员代表大会负责并报告工作，接受其监督。

（二）会计机构的设置

会计机构是工会组织管理本工会会计工作、办理会计事务的职能部门。建立健全会计机构，配备与工作要求相适应、具有一定素质和数量的会计人员，是做好会计工作，充分发挥会计职能作用的重要前提条件。

关于会计机构的设置，《会计法》第三十六条第一款规定工会应当根据会计业务的需要，设置会计机构，或者在有关机构中设置会计人员并指定会计主管人员；不具备设置条件的，应当委托经批准设立从事会计代理记账业务的中介机构代理记账。《工会会计制度》第四条规定，县级以上（含县级，下同）工会应当设置会计机构，配备专职会计人员。县级以下工会应当根据会计业务的需要设置会计机构或者在有关机构中设置专职会计人员；不具备设置条件的基层工会，应当委托经批准设立从事会计代理记账业务的中介机构代理记账或者聘请兼职会计。

根据《会计法》的规定和工会财务工作的特点，全国总工会对工会系统财会机构的设置提出了具体要求。

1. 各级工会的财务部是管理工会财务与会计工作的机构。

2. 省辖市以上工会都应建立财务会计工作机构，并把本级会计机构和机关的单位会计机构分开设置，即本级工会财务部履行本级会计的职责，而工会机关日常行政管理性支出的核算，则由设在机关的单位会计机构负责。

3. 县级工会有条件的也可设立会计机构。不设会计机构的，则应在有关机构中设立专职财会人员，并指定会计主管人员。由于县级工会经费收支和会计核算业务量较少，可只设一个会计机构（或专职会计人员）负责完成本级会计和单位会计的核算任务。

4. 基层工会可根据需要建立财务工作委员会或财务委员，设立专职或兼职财会人员。基层工会会员人数、经费数量差别甚大，因此在建立会计机构上就不能强求一致。大型基层工会一般应设立会计机构；中型基层工会可设立会计机构，也可只设专职财会人员；小型基层工会有条件的可设专职财会人员，也可聘请兼职财会人员。

5. 工会事业单位可根据其财会业务的繁简决定其是否设立会计机构。市、地级以上工会独立核算的事业单位一般应设立独立的会计机构，较大的事业单位还应设立总会计师；不设会计机构的事业单位，则需在有关机构中设立专职财会人员，并指定主管会计人员。会计机构和主管会计人员应直接由单位主要负责人领导。

6. 根据全国总工会相关规定，凡没有设财务机构也无合格财会人员的事业单位，不得批准建立账户，由工会财务部门统管其财会工作。没有设立财会机构或一定数量财会干部的产业工会，不得批准管理经费。

（三）财会人员岗位责任制

工会的会计工作岗位一般可分为主管会计、专业会计、出纳员和保管员。这些岗位可以一人一岗、一人多岗或者一岗多人。但出纳人员不得兼管稽核、会计档案保管和收入、支出、债权债务账目的登记工作，非出纳人员不得经管现金、有价证券和票据（不含支票）。

1. 主管会计的岗位责任制。

主管会计的岗位责任主要包括：（1）领导、组织和指导本工会的会计工作，并及时向领导汇报财务管理情况，提出合理建议，改善运营管理；（2）根据财务会计制度规定和本工会实际情况，组织制定本工会的各项财务管理制度，并认真组织干部和会计人员付诸实施；（3）根据财务会计制度的规定，认真编制并严格执行财务收支计划、固定资产购建方案等；（4）参与运行决策和各种经济合同的拟定，加强事前监督；（5）负责本工会的记账、算账、报账工作，做到手续完备，内容真实，数字准确，账目清楚，日清月结，按规定时间和项目公开账目；（6）指导专业会计搞好会计核算工作；（7）负责本工会会计人员交接的监交工作；（8）组织会计人员管好、用好本工会的集体资金和财产物资；（9）负责工会财务档案的保管工作。

2. 专业会计的岗位责任制。

专业会计的岗位责任主要包括：（1）按照《会计基础工作规范》的要求，记账、算账、报账，做到手续完备，数字准确，账目清楚，日清月结，按月出报表和向会员公布账目；（2）按照《会计档案管理办法》的规定，建立会计档案，年终移交工会主管会计统一保管。

3. 出纳员的岗位责任制。

出纳员的岗位责任主要包括：（1）负责登记现金日记账和银行存款日记账，做到逐日逐笔记账，每日结出余额，并与实际库存现金核对相符；（2）定期和会计核对账目，做到账账相符；（3）保管库存现金和各种有价证券；（4）认真执行现金管理方面的制度，不坐支现金，不公款私存，不白条抵库，不挪用公款，不超规定限额留存现金。

4. 保管员的岗位责任制。

保管员的岗位责任主要包括：（1）根据会计开具的出、入库手续进行库存物品的收发工作；（2）定期盘点库存，做到账实相符；（3）负责库存物品保管登记簿的登记；（4）负责库存物品的保管，防止霉烂、变质、损坏和被盗。

三、财会人员和职业道德

财会人员是指从事财务会计工作的各类人员，包括工会及其所属单位从事财会工作的人员，如工会主管会计、出纳员、工会属企业会计、保管员等。会计员、出纳员之间不得互相兼职。

（一）会计人员的任职条件

1. 必须具备必要的专业知识和专业技能。

会计工作是一项政策性、专业性很强的工作，会计人员必须具备必要的专业知识，才能胜任这项重要的工作。工会会计人员从事会计工作应符合以下基本要求。

（1）掌握会计专业知识。会计人员要了解会计的基本知识，熟练掌握会计的基本方法和基本技能。

（2）熟悉有关财经法规和财务会计制度。财经法规和财会制度是会计人员进行会计工作的重要依据，会计人员只有熟悉有关法规和制度的具体规定，才能对经济业务的合理合法性作出正确的分析和判断。

（3）具有一定的经济活动分析能力。具有了分析能力，才能不断发现问题，提出改进意见，真正发挥会计的反映和监督作用。

除此之外，财会人员还应具备较好的政治觉悟和职业道德，只有这样，才能更好地胜任财务会计工作。

2. 按照规定参加会计业务培训。

一方面，目前我国会计高等学历教育规模还不能满足社会需要，在职培训成为提高会计人员业务素质的重要途径；另一方面，即使具备了规定学历，也有知识更新的问题，社会经济发展很快，知识经济时代已经来临，会计工作面临的新情况、新问题层出不穷，会计人员必须不断更新知识，才能适应日益复杂的工作局面。因此，工会财会人员必须定期参加业务培训，接受继续教育。

（二）财会人员的主要职责

会计人员的职责是指会计人员为完成任务所承担的工作和应负的责任。工会会计人员的主要职责如下。

1. 根据《工会会计制度》的规定，进行会计核算，认真做好记账、算账工作，期末搞好财产清查工作。

2. 根据《工会会计制度》的规定，对本级工会处理会计事务的方法作出具体规定。

3. 根据《工会会计制度》的规定，认真编制并严格执行财务计划、预算；遵守财务收支审批制度、费用开支范围和开支标准等。

4. 严格遵守《工会法》的规定，根据经费独立原则，建立预算、决算和经费审查监督制度。

5. 如实反映经济情况，定期公布账目，及时编报各种会计报表、统计报表。

6. 认真进行会计检查，搞好内部会计监督，并接受外部监督和指导。

7. 定期检查分析财务计划、预算的执行情况，挖掘增收节支潜力，考核资金使用效果，指出运营管理中存在的问题，及时提出改进建议。

8. 妥善保管会计凭证、账簿、报表等档案资料。

9. 遵守、宣传、维护财经纪律和财务制度，同一切违反财经纪律的行为作斗争。

10. 办理其他会计事务。

（三）财会人员的工作权限

1. 有权根据《会计法》和《工会会计制度》的规定，进行会计核算，实行会计监督，办理有关会计事务。

2. 有权参与本工会各项财务计划的编制和参加有关运营管理的会议。

3. 有权对本工会经费收缴、使用和财产保管等方面的工作提出建议和进行检查监督。

4. 有权向本级工会、上级工会等报告工会的财务收支情况，反映财务管理方面的问题。

5. 有权要求本工会的有关人员提供与财务工作有关的各种情况和资料。

6. 有权不办理违反财务会计制度的收支。对认为是违反财务会计制度的收支，应立即制止和纠正；制止和纠正无效的，应向上级管理机构提出书面报告，要求处理。

（四）财会人员的职业道德

会计职业道德规范，是根据会计这一职业的特点，对会计人员在社会经济生活中的会计行为所提出的道德要求。它既是会计人员在履行其职责活动中所应具备的道德品质，也是调整会计人员与国家、集体、其他单位和个人、会计人员相互之间的社会关系及社会道德规范的总和。具体来讲，会计职业道德规范规定了会计人员在履行职责中应该怎样做和不应该怎样做，即从道义上规定了会计人员应以什么样的思想、什么样的态度和什么样的作风去接人、待物、处事，去完成本职工作。职业道德是从业人员职业品质、职业作风和职业纪律的统一。会计职业道德规范是财经法律、法规和制度所不能代替的。

会计职业道德主要包括以下几个方面的内容。

1. 爱岗敬业。

爱岗敬业，就是要求工会会计人员充分认识本职工作在整个经济和社会事业发展过程中的地位和作用，珍惜自己的工作岗位，做到干一行爱一行，一丝不苟，兢兢业业，争当会计工作的行家里手。

2. 廉洁自律。

廉洁自律是会计人员的基本品质。会计职业是一项极为特殊的职业，是一项与钱、财、物打交道的职业。会计人员只有做到洁身自爱、不贪不沾，才能处理好方方面面的利益关系，正所谓“廉则明”。

3. 客观公正。

会计人员办理会计事务应当实事求是、客观公正。客观公正是会计人员必须具备的行为品德，是会计职业道德规范的灵魂。

4. 保守秘密。

保守秘密是会计职业道德规范的基本要求。指的是会计人员应当保守本工会的商业秘密，不能将从业过程中所获得的信息为己所用，或者泄露给第三者以谋取私利。

5. 诚实守信。

诚实守信是会计人员的基本道德素养。会计人员面对虚假会计信息，不仅“不能为、不敢为”，而且更应“不屑为”。“不能为、不敢为”体现的是制度的约束和责任的追究，“不屑为”则是诚信素养的具备。会计人员应该坚守职业道德底线，保持职业尊严，“诚信为本，操守为重”。

6. 遵纪守法。

遵纪守法是会计职业道德规范的重中之重。会计工作涉及社会经济生活的方方面面，必须以会计法律、法规和规章为准绳，正确处理国家、集体和个人三者之间的利益关系，把好财务收支合法性、合规性的关口，依法理财；必须具备高度的政治责任感。

7. 提高技能。

如今的会计工作对从业人员的业务素质有着相当高的要求。会计人员应当具备一定的专业胜任能力，主要包括相应的经济理论水平、政策法规水平、业务知识水平、操作能力水平和文字表达能力等。

8. 文明服务。

会计是一项服务性很强的管理工作，当好参谋，为工会经济管理服务，这是新时代赋予会计人员的职业道德要求。会计是一项管理活动，不仅具有核算职能，也具有监督与参与决策的职能。会计人员要牢固树立服务观念，悉心钻研会计服务知识，不断提高会计服务技能，使为会计信息使用者提供良好服务的会计行为建立在更加自觉的基础上，并在服务中树立良好的职业形象，为会计自身发展创造更为有利的条件。

（五）财会人员的任免

工会会计人员应按照有关规定，由工会主席、会员大会或会员代表大会根据本工会需要聘任相关财会人员，会计人员任免应实行聘任制，可以连聘连任。工会会计人员要保持相对稳定，无正当理由，任何单位和个人都不得随意调换。工会会计人员的任免与调换，必须经会员大会讨论通过，报同级财政部门备案。

（六）财会人员的奖惩

工会及其领导干部要支持会计人员履行工作职责，保证会计人员依法行使其工作权利。任何人不得打击报复会计人员。对于坚持原则、忠于职守、廉洁奉公并取得显著成绩的会计人员，要给予精神的或物质的奖励；对于不负责任、造成损失或违反法律法规、财经纪律或财务制度的会计人员，要进行批评、教育和依法依规进行处罚。

（七）会计工作交换

工会会计人员因工作调动或因故离职，必须及时配备会计人员接管，并按规定办理交接手续。

1. 移交要求。

（1）会计人员因工作调动或者因故离职，必须将本人所经管的会计工作全部移交给接替人员。没有办清交接手续的，不得调动或者离职。接替人员应当认真接管移交工作，并继续办理移交的未了事项。

（2）会计人员临时离职或者因病不能工作且需要接替或者

代理的，会计机构负责人、会计主管人员或者工会领导人必须指定有关人员接替或者代理，并办理交接手续。临时离职或者因病不能工作的会计人员恢复工作的，应当与接替或者代理人员办理交接手续。移交人员因病或者由于其他特殊原因不能亲自办理移交的，经单位领导人批准，可由移交人员委托他人代办移交。

（3）会计人员办理交接手续时，必须有监交人负责监交。一般会计人员交接，由单位会计机构负责人、会计主管人员负责监交；会计机构负责人、会计主管人员交接，由单位领导人负责监交，必要时可由上级主管部门派人会同监交。

（4）工会撤销时，必须留有必要的会计人员，办理清理工作，编制决算，未移交前不得离职。其接收单位和移交日期由上级主管部门确定。

2. 移交前的准备工作。

（1）已经受理的经济业务尚未填制会计凭证的，应当填制完毕。

（2）尚未登记的账目，应当登记完毕，并在最后一笔余额后加盖经办人员印章。

（3）整理应该移交的各项资料，对未了事项写出书面材料。

（4）编制移交清册，列明应当移交的会计凭证、会计账簿、会计报表、印章、现金、有价证券、支票簿、发票、文件、其他会计资料和物品等内容。实行会计电算化的工会，从事该项工作的移交人员还应当在移交清册中列明会计软件及密码、会计软件数据磁盘（磁带等）及有关资料、实物等内容。

3. 移交。

移交人员在办理移交时，要按移交清册逐项移交；接替人员要逐项核对点收。

（1）现金、有价证券要根据会计账簿有关记录进行点交。

库存现金、有价证券必须与会计账簿记录保持一致。不一致时，移交人员必须限期查清。

（2）会计凭证、会计账簿、会计报表和其他会计资料必须完整无缺。如有短缺，必须查清原因，并在移交清册中注明，由移交人员负责。银行存款账户余额要与银行对账单核对，如不一致，应当编制银行存款余额调节表，调节相符。各种财产物资和债权债务的明细账户余额要与总账有关账户余额核对相符。必要时，要抽查个别账户的余额，与实物核对相符，或者与往来单位、个人核对清楚。

（3）移交人员经管的票据、印章和其他实物等，必须交接清楚。移交人员从事会计电算化工作的，要对有关电子数据在实际操作状态下进行交接。

（4）会计机构负责人、会计主管人员移交时，还必须将全部财务会计工作、重大财务收支和会计人员的情况等，向接替人员详细介绍。对需要移交的遗留问题，应当写出书面材料。

（5）交接完毕后，交接双方和监交人员要在移交清册上签名或者盖章，并应在移交清册上注明单位名称，交接日期，交接双方和监交人员的职务、姓名，移交清册页数以及需要说明的问题和意见等。移交清册一般应当填制一式三份，交接双方各执一份，存档一份。

4. 移交后的有关事宜。

（1）为了保证会计记录的连续完整和前后衔接，接替人员应当继续使用移交的会计账簿，不得自行另立新账。

（2）移交人员对所移交的会计凭证、会计账簿、会计报表和其他有关资料的合法性、真实性承担法律责任。接替人员应认真接收移交的工作，并继续办理移交的未了事项。移交后，如发现原进行的会计业务有违反会计制度和财经纪律等问题，仍由原移交人负责。

四、会计档案的管理

会计档案是指会计凭证、会计账簿和会计报表等会计核算专业资料。它是记录和反映经济业务的重要史料和证据。工会的会计档案包括经济合同或协议，各项财务计划及提取后备金方案，各种会计凭证、会计账簿和会计报表、会计人员交接清单、会计档案销毁清单等。

工会的会计资料，是单位主要的经济档案和历史资料，是总结经验、进行决策所需利用的重要资料，也是进行会计检查、审计监督的重要资料，必须加强保管，防止散失，以便于日后抽查。会计档案保管工作的基本内容如下。

（一）定期整理归类

会计部门在记账之后，应定期（每天、每旬或每月）对各种会计凭证加以分类整理，将各种记账凭证按照编号顺序，连同所附的原始凭证折叠整齐，加具封面、封底装订成册，并在装订线上加贴标签。在封面上，应写明单位名称、年度、月份、记账凭证的种类、起讫日期、起讫号数，以及记账凭证和原始凭证的张数，并在封签外加盖会计主管的骑缝印章。

对各种重要的原始凭证，以及各种需要随时查阅和退回的单据，应另编目录，单独登记保管，并在有关的记账凭证和原始凭证上相互注明日期和编号。某些记账凭证所附的原始凭证数量过多，也可以单独装订保管，但应在封面上注明所属记账凭证的日期、编号、种类，同时在有关的记账凭证上注明“附件另订”与原始凭证名称和编号，以便查考。工会的会计人员在年度终了，应将已更换的各种活页账簿、卡片账簿以及必要的备查账簿连同账簿使用登记表装订成册，加上封面，统一编号，由有关人员签章后，与订本账簿一起归档保管。

会计报表同会计凭证以及会计账簿一样，都是重要的会计档案。工会的会计人员，在年度终了，应将全年编制的会计报表按时间先后顺序整理，装订成册，并加上封面，归档保管。

（二）造册归档

每年的会计凭证、账簿、报表都应由会计部门按照归档的要求，负责整理立卷或装订成册。会计档案必须进行科学管理，做到妥善保管、存放有序、查找方便、严格执行安全和保密制度，不得随意堆放，严防毁损、丢失和泄密。

工会要加强对会计档案的管理。自行保管会计档案的，必须配备财务（会计）档案室（柜），实行专人负责，统一管理会计档案。一般由工会主管会计负责会计档案的整理、立卷、保管、调阅和销毁等工作。会计档案不得由私人保管。

（三）使用及借阅手续

工会对会计档案必须进行科学管理，做到妥善保管，存放有序，查找方便，并积极为本工会提供利用。但调阅会计档案，应有一定的手续。工会应设置“会计档案调阅登记簿”，详细登记调阅日期、调阅人、调阅理由、归还日期等。本工会人员调阅会计档案，需经会计主管人员同意。外单位人员调阅会计档案，要有正式介绍信，经工会领导批准。向外单位提供会计档案时，档案原件原则上不得借出。如有特殊需要，须报经上级主管单位批准，并应限期归还。遇特殊情况需要影印复制会计档案的，必须经本工会领导批准，并在“会计档案调阅登记簿”上详细记录会计档案影印复制的情况。

（四）严格遵守保管期限和销毁手续

各种会计档案的保管期限根据其特点，分为永久、定期两类。工会会计档案的保管年限，应当按照2016年施行的《会计档案管理办法》中企业和其他组织会计档案保管期限确定。具体期限参见表5－10：

表 5－10　企业和其他组织会计档案保管期限

序号	档案名称	保管期限	备注
一	会计凭证类		
1	原始凭证	30 年	
2	记账凭证	30 年	
二	会计账簿		
3	总账	30 年	
4	明细账	30 年	
5	日记账	30 年	
6	固定资产卡片		固定资产报废清理后保管 5 年
7	其他辅助性账簿	30 年	
三	财务会计报告		
8	月度、季度、半年度财务会计报告	10 年	
9	年度财务会计报告	永久	
四	其他会计资料		
10	银行存款余额调节表	10 年	
11	银行对账单	10 年	
12	纳税申报表	10 年	
13	会计档案移交清册	30 年	
14	会计档案保管清册	永久	
15	会计档案销毁清册	永久	
16	会计档案鉴定意见书	永久	

保管期满后，需要销毁。但在销毁时必须严格执行会计档案保管的规定，任何人不得随意销毁。各种会计档案保存期满需要销毁时，应编制“会计档案销毁清单”，报上级主管部门批准后，由工会指派专人逐项清点核对，监督销毁，由监督人员在“会计档案销毁清单”上盖章证明，并将清单归档。

五、会计电算化

会计电算化是指以电子计算机（以下简称计算机）为主体的当代电子信息技术在会计工作中的应用。设置会计机构的工会应当根据工会会计业务的需要决定是否开展会计电算化的工作，并处理好及时采用新技术和新设备与勤俭节约的关系。工会在开展电算化工作时应遵守财政部关于印发《会计电算化工作规范》的规定，并做好本工会会计电算化硬件设施和软件设施的配套工作。

（一）配备电子计算机和会计软件

1. 电子计算机和会计软件是实现会计电算化的重要物质基础，各级工会可根据实际情况和今后的发展目标，投入一定的财力，以保证会计电算化工作的正常进行。

2. 设置会计机构的工会应根据实际情况和财力状况，选择与本工会会计电算化工作规划相适应的计算机机种、机型和系统软件及有关配套设备。具备一定硬件基础和技术力量的工会，可充分利用现有的计算机设备建立计算机网络，做到信息资源共享和会计数据实时处理。

3. 由于财务会计部门处理的数据量大、数据结构复杂、处理方法要求严格和安全性要求高，设置会计机构的工会用于会计电算化工作的电子计算机设备应由财务会计部门管理，硬件设备比较多的单位，财务会计部门可单独设立计算机室。

4. 配套会计软件是会计电算化的基础工作，选择会计软件的好坏对会计电算化的成败起着关键性的作用。配套会计软件要与计算机硬件的配置相适应，可逐步从微机单用户会计软件向网络会计软件、客户机/服务器会计软件发展。

（二）建立会计电算化内部管理制度

1. 开展会计电算化的单位应根据工作需要，建立健全包括会计电算化岗位责任制、会计电算化操作管理制度、计算机硬软件和数据管理制度、电算化会计档案管理制度的会计电算化内部管理制度，从而保证会计电算化工作的顺利开展。

2. 建立会计电算化岗位责任制，要明确各个工作岗位的职责范围，切实做到事事有人管，人人有专责，办事有要求，工作有检查。

3. 会计电算化后的工作岗位可分为基本会计岗位和电算化会计岗位。基本会计岗位可包括会计主管、出纳、会计核算各岗、稽核、会计档案管理等工作岗位。电算化会计岗位包括直接管理、操作、维护计算机及会计软件系统的工作岗位。

4. 在实施会计电算化过程中，工会可根据内部牵制制度的要求和本单位的工作需要，参照上条对电算化会计岗位的划分进行调整和设立必要的工作岗位。会计业务不多的工会在设立电算化会计岗位时，应根据实际需要对上条给出的岗位进行适当合并。

5. 建立会计电算化操作管理制度，主要内容如下。

（1）明确规定上机操作人员对会计软件的操作工作内容和权限，对操作密码要严格管理，指点专人定期更换密码，杜绝未经授权人员操作会计软件。

（2）预防已输入计算机的原始凭证和记账凭证等会计数据未经审核而登记机内账簿。

（3）操作人员离开机房前，应执行相应命令退出会计软件。

（4）根据本单位实际情况，由专人保存必要的上机操作记录，记录操作人、操作时间、操作内容、故障情况等内容。

（5）建立计算机硬件、软件和数据管理制度，主要内容有五项。第一，保证机房设备安全和计算机正常运行是进行会计电算化的前提条件，要经常对有关设备进行保养，保持机房和设备的整洁，防止意外事故的发生。第二，确保会计数据和会计软件的安全保密，防止对数据和软件的非法修改和删除；对磁性介质存放的数据要保存双备份。第三，对正在使用的会计核算软件进行修改、对通用会计软件进行升版和计算机硬件设备进行更换等工作，要有一定的审批手续；在软件修改、升版和硬件更换过程中，要保证实际会计数据的连续和安全，并由有关人员进行监督。第四，健全计算机硬件和软件出现故障时进行排除的管理措施，保证会计数据的完整性。第五，健全必要的防治计算机病毒的措施。

（6）建立会计电算化的会计档案制度。会计档案管理是重要的会计基础工作，要严格按照有关规定对会计档案进行管理，由专人负责。要做好防范措施，对于磁性介质的档案要定期检查、定期复制，防止信息受损。

（三）替代手工记账

1. 采用电子计算机替代手工记账，是指应用会计软件输入会计数据，由电子计算机对会计数据进行处理，并打印输出会计账簿和报表。替代手工记账是会计电算化的目标之一。替代手工记账的工会组织，应具备以下条件：（1）设置了会计机构；（2）配备了适用的会计软件和相应的计算机硬件设备；（3）配备了相应的会计电算化工作人员；（4）建立了严格的内部管理制度。

2. 具备条件的工会应尽快采用计算机替代手工记账。替代手工记账之前，工会应根据当地省、自治区、财政厅的规定，中央直属单位应根据国务院业务主管部门的规定，计算机与手工并行三个月以上（一般不超过六个月），且计算机与手工核算的数据相一致，并应接受有关部门的监督。

3. 替代手工记账的过程是会计工作从手工核算向电算化核算的过渡阶段，由于计算机与手工并行工作，会计人员的工作强度比较大，工会需要合理安排财务会计部门的工作，提高工作效率。

4. 计算机与手工并行工作期间，可采用计算机打印输出的记账凭证替代手工填制的记账凭证，根据有关规定进行审核并装订成册，作为会计档案保存，并据以登记手工账簿。如果计算机与手工核算结果不一致，要由专人查明原因并向本单位领导书面报告。

记账凭证的类别，可以采用一种记账凭证或收、付、转三种凭证的形式；也可以在收、付、转三种凭证的基础上，按照经济业务和会计软件功能模块的划分进一步细化，以方便记账凭证的输入和保存。

5. 采用磁带、磁盘、光盘、微缩胶片等介质存储会计账簿、报表，作为会计档案保存的单位，应满足以下要求。(1) 采用磁带、磁盘、光盘、微缩胶片等介质存储会计数据，不再定期打印输出会计账簿，应征得同级财政部门的同意。(2) 保存期限同打印输出的书面形式的会计账簿、报表。(3) 记账凭证、总分类账、现金日记账和银行存款日记账仍需要打印输出，还要按照有关税务、审计等管理部门的要求，及时打印输出有关账簿、报表。(4) 替代手工记账后，设置会计机构的工会应做到当天发生业务，当天登记入账，期末及时结账并打印输出会计报表；要灵活运用计算机对数据进行综合分析，定期或不定期地向单位领导报告主要财务指标和分析结果。

第五节　工会经费独立核算

为了加强工会经费管理，认真做好工会经费独立核算工作，根据《工会法》和中国人民银行的有关规定，各级工会必须单独开立银行账户。中国人民银行下发的《关于规范人民币银行结算账户管理有关问题的通知》(以下简称《通知》)

明确规定了各级工会组织凭社团法人登记证书开立基本存款账户。各级工会要根据此《通知》和《全国总工会办公厅关于依法做好工会经费独立核算工作的通知》的规定，督促所属各级工会，包括产业工会和各企业、行政事业等单位的基层工会依法取得工会法人资格证书，凭证书办理银行账户开户手续，实行工会经费独立核算。

（一）依法取得社会团体法人资格，是单独开立银行账户的依据。根据《工会法》第十四条关于“中华全国总工会、地方总工会、产业工会具有社会团体法人资格。基层工会组织具备民法通则规定的法人条件的，依法取得社会团体法人资格”的规定，以及《最高人民法院关于产业工会、基层工会是否具备社团法人资格和工会经费集中户可否冻结划拨问题的批复》关于“产业工会社团法人资格的取得是由工会法直接规定的，依法不需要办理法人登记。基层工会只要符合《民法总则》《工会法》和《中国工会章程》规定的条件，报上一级工会批准成立，即具有社团法人资格”的规定，各企业、行政事业等单位的基层工会应当按照中华全国总工会《基层工会法人资格登记办法》的要求，取得工会法人资格证书，并凭此办理银行账户开户手续，实行工会经费独立核算。产业工会办理银行账户开户手续过程中，确需提供工会法人证书的，可以向所在地地市级以上工会领取工会法人证书。

（二）工会经费应当单独开户，独立进行核算。根据《工会法》第四十四条关于“工会应当根据经费独立原则，建立预算、决算和经费审查监督制度”和第四十六条关于“工会的财产、经费和国家拨给工会使用的不动产，任何组织和个人不得侵占、挪用和任意调拨”的规定，各基层工会应当根据经费独立原则，单独开户，独立进行核算，不允许与本单位机关财务或党团等其他组织财务合并账户集中核算，也不允许将工会财务纳入当地会计结算中心管理。凡已经合并或纳入的，应当予以纠正。

思考题：

1.《工会会计制度》的基本内容是什么？

2. 工会会计基础工作规范包括哪些方面？

3. 工会经费独立核算的要求有哪些？

第六章　工会财务监督

第一节　工会财务监督概述

一、工会财务监督的概念

工会财务监督是指各级工会财务主管部门根据国家有关法律、法规和全国总工会的有关规定，运用一定的监督方法对本级工会、下一级工会及其所属企事业单位的财务活动进行的监督检查。

二、工会财务监督的目的

工会财务监督的目的，在于督促各级工会严格执行国家财经法律、法规和全国总工会制度的规定，促进各级工会健全完善工会财务内部控制制度体系，规范各级工会及其所属企事业单位的财务行为，纠正各级工会财务管理中存在的突出问题，防范工会财务运行风险，确保国家重大方针政策与全国总工会的重点工作在各级工会贯彻落实，确保各级工会正确履行职责，确保各级工会经济运行安全、有序、高效，提升各级工会财务管理服务工会全局的能力和水平，让更多的工会经费直接服务职工群众，让广大职工有更多的获得感。

三、工会财务监督的层级划分与职责

各级工会按照“统一领导、分级管理”的原则，对本级和下一级工会及其所属企事业单位实施财务监督。

1. 全国总工会统一领导全国工会系统的财务监督检查工作。

根据全国总工会书记处的授权，全国总工会财务部负责制定工会财务监督检查制度规定，定期对省级工会本级及其所属企事业单位进行监督检查，指导省级工会做好对下级工会的财务监督检查工作。主要职责：（1）研究制定工会财务监督的制度规定，并督促其有效执行；（2）负责全国总工会本级及其所属企事业单位的财务监督检查；（3）对36个省级工会本级及其所属企事业单位进行财务监督检查；（4）对与全国总工会建立经费拨缴关系的在京中央企业进行财务监督检查；（5）根据工作需要，对各级工会实施专项财务监督检查；（6）定期向全国总工会书记处报告工会财务监督检查情况。

2. 各省级工会统一领导本地区、本系统、本行业的财务监督检查工作，并组织实施。

（1）根据全国总工会的有关规定，研究制定本地区、本系统和本行业财务监督检查的实施办法；（2）对省级工会本级及其所属单位进行财务监督检查；（3）对市级工会本级及其所属企事业单位进行财务监督检查；（4）根据工作需要，对本地区、本系统、本行业各级工会进行专项检查；（5）定期向省级工会主席办公会议和全国总工会报告财务监督检查情况。

3. 省级以下各级工会参照上述职责负责并组织实施本级财务监督检查工作，向本级工会委员会（常委会）和上一级工会报告财务监督检查情况。

4. 基层工会要按照《内部控制工作规范》的要求，健全完善本单位内部控制制度体系，防范内部风险。

基层工会财务管理部门要按照《会计工会基础规范》的要求，强化内部会计监督，严格支出审查，规范会计核算，配合经审机构定期开展审查审计监督。

第二节　工会财务监督的原则和主要内容

一、工会财务监督的原则

（一）依法监督原则

依法监督原则是指各级工会财务监督检查应以国家各项方针政策、法律法规和全国总工会各项财务制度规定为依据。从事工会财务监督工作的主体是工会各级财务部门，监督工作要按照相关财务监督管理制度的规定、程序进行，采取合法合规的方式。各级工会财务人员要全面掌握国家法律法规和财务制度，始终以客观公正、实事求是的态度进行监督工作，依法办事。在财务监督的权限内，对存在的问题，谨慎对待，反复检查，对应该会同其他部门共同检查、移交处理的问题要积极联系相关部门。既要以事实为依据，以法律为准绳，坚决查处、纠正一切违反财务制度的行为，也要做到公正合理，程序规范，定量准确，定性适度。

（二）常态化和多元化原则

常态化原则是指工会财务监督工作应持久、稳定地进行，实现对工会财务活动的全覆盖，进行动态化、长期化、制度化的监督。各级工会财务部门是财务监督的主体，要落实好主体责任，提高对财务监督工作的重视，强化政策导向，建立健全监督制度，培养财务监督人才。督促、指导本级和下级工会不断完善内部控制，加强工会经费绩效评价制度和评估指标建设，强化资金使用效益意识。

多元化原则是要从多种角度，以多种方式对工会财务活动进行全面、系统、有效的监督。将财务监督的事前、事中和事后监督相结合，专业监督与群众监督相结合，日常监督与专项监督相结合，做到上下配合、内外结合。工会财务部门不仅要做好财务检查、财务审批等职能监督，也要配合好外部和内部纪检部门组织的专项监督，重视工会经费审查委员会的审计监督成果，发挥各种监督的合力作用。

鉴于财务活动是一个持续不断的过程，工会财务监督不能是一种临时性的措施，它必须贯穿于财务管理活动的始终，贯穿于工会财务活动的各个环节、各个方面。要实现对财务活动的全程监控，稳定监督状态，不能时松时紧，时有时无，应做到时时有监督，处处有监督。只要有财务活动，就有财务监督，才能发现财务管理工作中的缺陷，防控廉政风险，应对不断变化的管理情况，使各级工会收好、管好、用好工会经费。

（三）事前、事中和事后监督相结合原则

财务监督分事前、事中和事后监督。事前监督就是在经济活动开始之前，工会经费审查监督组织在制订计划、进行可行性研究过程中，对各级工会及所属企事业单位预算编制进行的审核，主要是保证正确地编制预算，防止违反财务制度现象，制订一个既科学又符合实际的财务收支计划；事中监督是在预算执行过程中进行的监督检查，主要针对是否按照预算合理使用资金，发现问题及时纠正；事后监督是对预算执行结果的审查监督，是纠正错误，总结经验，查处违法违纪行为。

（四）有效性原则

有效性原则是指工会财务监督要有效率、有效果，能够真

正发挥改善工会财务管理工作，提高财务管理质量的作用。有效率是指要根据相应的情况报告和收集的信息，及时、迅速地实施监督行为，发现问题，查明真相，预防或查办各种违规行为，做到发现、检查、处理及时。有效果则是指在监督过程中，能实现财务监督的制约性与促进性作用。

制约性作用是要通过监督保证上级工会财务政策和制度的贯彻执行，提高各级工会领导和财务人员的遵纪守法意识，维护工会财经纪律和各项规章制度的严肃性，从而有效制止和约束工会财务活动中的贪污舞弊、弄虚作假、奢侈浪费等违规违纪行为。促进性作用是通过监督对工会财务管理工作进行综合性评价，指出其合理的、有效率的方面，同时指出其不合理、无效率的方面及存在的问题，并提出相应的解决措施和办法。

提高对财务监督结果的分析和利用，将现阶段的监督得到的财务数据与过去各个阶段的财务数据进行对比，找到各级工会财务管理的优势方面和薄弱环节，对工会财务工作的改进方向和管理风险进行科学预测，使监督成果对工会财务管理建设真正起到作用。

（五）原则性与灵活性相结合

在财务监督工作中，还应坚持原则性与灵活性相结合的原则。原则性是指要严格按照国家方针政策、法律法规及规章制度办事，敢于反映真实情况，揭露弊端，对违法乱纪行为进行严肃处理。灵活性是指在坚持原则性的前提下，对具体问题进行具体分析，并进行适当处理。工会财务监督的目的是发现问题，纠正错误，惩罚处理只是方式，不是最终目的。在实际监督工作中，既不能不作深入调查就武断处理，也不能擅自变更、违反制度要求对原则性问题灵活处理。

对监督发现的问题进行分类研究。一是对现有制度规定不明确、不完善造成的问题，主要是督促有关单位采取完善制度，细化标准的方式进行处理。二是对一些特殊地区的比较特别、个别的情况，应充分考虑客观实际的复杂性，谨慎论证，灵活运用各项规章制度。在监督中帮助提出切实有效的解决方案，把握好分寸，做到既解决问题，又不违反制度要求。三是按照发现问题的性质、严重程度分情况对待。对于查处的违法、违规、违纪问题，要及时报告有关部门严肃查处，情节、性质严重的按法律规定移交司法部门依法惩处。对一些涉及金额不大、不涉及根本性原则的账务问题，要注重加大宣传和培训力度，纠正错误，以监督来促进财务管理工作的不断进步。

（六）监督与服务相结合原则

监督与服务相结合原则是要注重不断创新、改进监督的方式方法，找好工作着力点，侧重点，注重把服务思想融入工会财务监督工作中。要紧密围绕工会财务管理在现阶段要解决的重点问题确定工会财务监督主题，把检查重点放到党中央对工会工作的指示要求上、放到全国总工会财务工作规划的核心内容上、放到职工群众关心的实际问题上。注意与被监督单位的工作衔接协调，强化沟通联系，结合被检查单位的实际情况和需要，制订监督方案。将监督检查提出的意见和建议与具体实际情况相结合，从制度完善、业务培训等多方面进行指导，与被检查单位形成工作合力，落实整改。以监督服务好工会的重点任务，维护好职工群众的经济利益，积极为被监督单位研究、解决工会财务管理中的难点问题，使监督工作能够切实服务被检查单位的财务管理工作，增强各单位自觉接受监督的意识，保证资金使用效果，增强各级工会服务维权的能力。

（七）廉洁执纪原则

廉洁执纪原则是指各级工会要严格按照党风廉政建设和中央八项规定精神，建立健全财务监督纪律制度，履行监督职责要廉洁自律，恪尽职守、秉公执纪。财务监督部门履行审批和检查职能要有组织、有程序、有纪律，遵守保密制度和回避制度，加强对监督人员的培训教育和监督管理。不得在财务审批和监督中，与被监督单位互相串通，违规审批，或提出不正当要求，报销个人费用。对下检查不得巧立名目大规模出动，向被检查单位提出过高的办公要求。不得私自泄漏检查信息，参加以公款支付的、影响执行检查公正性的娱乐活动或接受礼品馈赠。

二、工会财务监督的主要内容

各级工会要按照国家有关规定和《中华全国总工会关于加强工会财务管理、资产监督管理和经费审查审计监督的意见》，加强对工会经费收、管、用和工会企事业单位、社会团体财务活动的全面监督。

（一）对遵守党和国家各项法律、法规情况的监督

检查各级工会财务工作中遵守中央八项规定、《党政机关厉行节约反对浪费条例》等一系列党内法规制度，执行《工会法》相关制度，执行财政部、税务总局及其他部门制定的财经法规、制度的情况。

（二）对执行和完善工会各项财务规章制度情况的监督

检查各级工会按照工会厉行节约、廉洁办会的要求，细化工会经费开支标准，完善本级财务管理规章制度；对《工会预算管理办法》《工会会计制度》《基层工会经费收支管理办法》等制度，结合实际状况，制定实施细则；按照《行政事业单位内部控制规范（试行）》《工会财务会计管理规范》要求，加强财务内部控制制度建设，工会经费开支实行工会委员会集体领导下的主席负责制，重大事项决策、重大项目安排和大额度资金使用事项集体研究、民主决策的情况。

（三）对工会预算和决算编制、审批、执行的监督

各级工会要严格执行工会预算制度，实行全面预算管理，细化预算编制，将本级各项收支全部纳入预算，基本支出执行定员定额标准，切实加强项目支出预算管理，房屋建筑物购建、专项设备购置、大型修缮和其他重大预算项目应进行可行性论证分析，履行相关预算审批程序。要加强预算执行管理，严禁无预算、超预算支出。严格按照有关规定履行预算调整、追加审批程序，从严从紧控制追加预算，必要的追加预算，必须经有关部门审核，报工会委员会（常委会）或主席办公会议同意后，在预算内调整或动用预算预备费。

检查各级工会经费收支决算管理情况。建立工会经费财务决算报告制度，各级工会要及时、准确、完整地编报本级年度收支决算，汇总下一级工会经费收支决算，报上级工会审批。

（四）对工会经费收缴、计拨情况的监督

检查各级工会对税务代收、财政划拨、单位自缴等各类单位工会经费依法收缴，按计划完成的情况。逐步实现企业工会经费全部委托税务部门代收，行政机关和事业单位的工会经费足额列入预算，由财政统一划拨，通过国库集中支付到同级工会组织，加大对自缴单位的收缴力度。推进对未缴纳工会经费单位的处置、清理工作，查明未完成的原因，促进经费收缴任务足额完成，使工会经费收缴单位实现全覆盖，开具《工会经费收入专用收据》合法合规。

检查省级以下工会按照经费分成比例，及时足额上缴工会经费，按照全国总工会关于加大对基层工会经费支持力度的要求，各级工会经费分成比例的确定和拨付的情况，要确保重心下移，推动对基层工会经费补助大幅度提高。对检查中发现的截留、挪用情况要按照《截留、挪用上缴工会经费处罚办法》

采取有效措施，予以处理。

（五）对项目资金专款专用、追踪问效的监督

检查各级工会收到上级工会下拨的项目补助资金管理情况。全国总工会要按照《关于对下补助实行项目补助管理的通知》要求对申报项目补助管理、资金分配和拨付进行论证报批，对资金使用情况进行监督检查。省级工会财务部门负责资金落实到位，督促资金使用单位及时报告使用情况，开展资金绩效评价工作。资金使用单位要加强资金管理，提高资金使用效益。对截留挪用、改变资金用途的要追回下拨的项目补助资金或扣减有关省级工会下一年度的补助，并追究有关当事人和工会负责人的责任。

检查各级工会收到的财政补助资金管理情况。要按照《财政部关于进一步完善制度规定切实加强财政资金管理的通知》要求，对财政补助资金特别是用于困难职工帮扶资金、劳模“三金”等专项资金的预算、申请拨款、监控使用、项目清理、绩效评价等进行全过程监督，建立起财政资金安全管理责任制，确保规范化、科学化使用。

（六）对工会经费支出情况的监督

检查各级工会贯彻落实中央八项规定精神，严控“三公”经费的情况。严格执行工会经费使用“八不准”和会议、出差、公务接待等相关规定，压缩工会行政经费。严格查处以各种名目虚列支出，转移、隐匿资金或向下级工会和企事业单位摊派、转嫁支出的行为。

要督促基层工会严格执行全国总工会制定的《基层工会经费收支管理办法》和各省级工会制定的实施细则要求，确保基层工会经费主要用于维护职工权益，如工资集体协商、劳动争议调解、法律援助、劳动保护等；用于提高职工素质能力，如开展职工培训、职业技能大赛等；用于开展各项职工文体活动

等工会重点工作。

检查各级工会的建设工程、大型修缮、设备购置和购买公共服务等资本性支出情况。严格控制办公用房维修改造，严禁用工会经费超标准改造办公用房，确保大部分经费直接用于对下补助、服务职工，开展工会活动。

要按照《政府采购法》《招标投标法》和《中央预算单位政府集中采购目录及标准》的规定范围和标准采取公开招标、批量集中采购、协议供货、网上竞价、定点采购等方式执行项目的采购工作。对基本建设项目管理情况进行全面监督，关注项目的预算审批执行、合同签订、项目资金使用与结算，竣工财务决算和审计等情况。

（七）对工会财务会计规范化建设情况的监督

检查各级工会会计机构、会计人员配备、岗位设置情况。县级以上工会应当设置会计机构、配备专职会计人员。县级以下工会应该根据需要设置会计机构或在有关机构中设置专职会计人员。不具备独立核算条件的乡镇（街道）、开发区（工业园区）工会，可实行“上代下”管理模式。尚不具备独立核算条件的基层工会，应当委托专业机构代理记账或聘请兼职会计。

各级工会会计核算和电算化业务处理要符合《工会财务会计管理规范》要求，不得以虚假的经济业务事项或资料进行会计核算。要确保会计凭证、账簿、会计报表及其他会计资料的真实、合法、准确、完整。严格控制现金使用范围，大部分支出要实行银行转账或使用公务卡结算。

（八）对各级工会所属企事业单位和社会团体财务收支的监督

主要检查各企事业单位和社会团体预算、决算编制、上报、执行情况；上级补助资金使用绩效情况；单位财务内部控制制度建设和执行情况；企事业单位盈余收益上缴情况；上级工会要求的其他专项检查。

（九）对财务检查和审计中发现的问题落实整改的监督

检查各级工会接受检查、审计后的整改情况。要明确责任、提高整改报告质量，针对财务检查、审计发现的问题严肃认真的制定切实有效的整改措施。整改不能只停留在表面，要重点检查依纪依规整改的情况。

各级工会和所属企事业单位要建立责任追究制度，被检查、审计单位的主要负责人是第一责任人。要对违反法律法规和制度的行为，依法依纪追究相关人员的责任，情节严重的问题，要对负有领导责任的主要负责人或者有关领导干部进行严肃问责，并将检查、审计结果和整改情况运用到考核评价中去。

第三节　工会财务监督的形式

一、工会财务监督的主要形式

广义的工会财务监督按照内外部监督主体的不同可以分为财务部门监督、经审监督、国家和社会监督、民主监督等形式。在此重点介绍工会财务部门实施的监督。各级工会财务部门要从不同角度，不断深化对财务监督形式的认识和理解，有效地组织和利用各种财务监督形式，运用、创新的财务监督方法，完善财务监督流程和指标，充分发挥工会财务监督作用。

（一）按照财务监督的时段划分，可分为事前、事中、事后监督

1. 事前监督。

事前监督是指在财务活动实施前，对本级、下级工会及所属事业单位在编制、审核、批准预算以及作出重大财务活动

决策时进行的监督，通过制定、规范、实行对工会财务活动的事前审批程序来实现监督职能。事前监督是预防性的监督，是把监督做到预算、计划制订时和资金支付前，防止问题的发生，防患于未然。它对加强预算、计划、决策的准确性、合理性和可行性，避免因决策失误、计划不周造成的错误和损失，提高财务管理的工作质量和效率，尽可能地确保财务活动严格执行财务制度和纪律都有非常重要的作用。目前对工会各项经济活动预算的编制审批，对下项目补助的审批就属于事前监督。

2. 事中监督。

事中监督是指在工会财务活动进行过程中所进行的监督，它贯穿于行政单位财务活动的始终，涉及各个方面。主要是本单位财务部门和财会人员通过对单位预算、财务收支计划、费用开支标准等执行过程中的审查、复核、结算等工作来实现。通过对经济事项办理过程中和预算执行过程中的监督，可以促使各单位依法组织收入、安全有效地使用资金。使单位各项收支能按照预算严格执行，不突破各项财务制度标准，确保开支的合理性、合法性。

3. 事后监督。

事后监督是指在工会财务活动发生以后对其预算执行结果，或某一项经济结束之后所进行的监督，一般在某项财务活动完成以后或在年终时进行，由于涉及面广、内容多、工作量大、要求高，应组织专业人员进行。事后监督主要通过对财务报表、账簿、会计凭证等资料的检查进行。监督重点是检查被查单位预算、财务收支计划完成情况、资金使用效果，财务收支内容是否符合规定，以及会计资料的真实性、准确性和完整性。通过监督，总结推广好的经验，从中查找问题，纠正错误事项，并督促制定改进措施，提高财务工作水平。

（二）按照财务监督的层级划分，可以分为自查监督和上级监督

1. 自查监督。

自查监督是指各级工会和所属企事业单位财务部门对本单位一定周期内的所有财务活动和管理情况进行的常规性、全面性检查，一般在预算年度终了时进行汇总和报告。各级工会组织及所属企事业单位应定期对本级财务工作进行自查，逐步建立财务状况自查报告制度。按半个或一个预算年度编制财务自查报告，包括财务状况说明和各类财务报表，其内容应涉及工会的财务人员状况、经费拨缴、预算执行、财务收支、会计核算、违规情况、风险防控、问题整改等各个方面，向本级工会委员会和上级财务部门进行汇报，并接受监督。自查监督可以督促各级工会财务部门定期进行财务状况分析和总结，提高工会财务部门的日常管理水平，强化本级财务监督工作的责任感、自觉性、科学性，便于上级部门及时、全面地掌握下级工会的财务收支和管理情况，汇总各种数据，有针对性地作出指导和督促，为财务制度的健全规范提供可靠的参考信息。

2. 上级监督。

上级监督是指各级工会按照“统一领导、分级管理”的工会财务管理体制开展的财务大检查，可以是对下级工会及所属企事业单位一定时期的全面财务活动检查，也可以是针对某项重点工作的检查监督。各级工会财务部门应根据工作需要，制订财务检查计划，确定检查人员，被检查对象、内容和任务，检查时间，组成检查组，按计划开展财务检查。上级财务部门可联合相关监督部门，或聘请专门机构或专业人员协助实施检查工作，综合运用制定调查问卷，实地考察，询问有关人员，审阅财务文件，核对账簿和报表，统计分析财务数据等方法搜集资料、了解情况、检查取证。检查结束后要认真进行总结，

妥善保管资料，编写财务监督检查报告，并向本单位有关领导和上级部门提交报告。检查组向主管部门提交财务监督检查报告前，应当征求被检查单位的意见，被检查单位对财务监督检查报告有异议的，检查组应进一步核查、取证，对双方意见不一致问题作重点说明。上级财务部门依据监督检查报告，要及时出具检查结论或整改决定，被检查单位根据监督检查结论及时进行整改落实，并将整改落实情况书面报告上级财务部门。必要时，上级财务部门应对整改落实情况进行抽查。

（三）按照财务监督的内容划分，可分为预算监督、内控监督、会计监督、专项监督、绩效监督

1. 预算监督。

预算监督是指工会财务部门按照有关政策制度对预算编制和执行，预算绩效评价的监督，新《预算法》和《工会预算管理办法》赋予了工会财务部门预算监管的职责。各级工会财务部门应当完善预算编制同步监督，运用预算编制信息化手段，利用预算信息化平台在预算编制环节，重点强化对部门单位人员的定额预算、部门专项、政府采购项目、结余资金、绩效目标等数据的审核，将分配职能充分体现在预算编制环节，完善细化预算编制和审批的程序。要凸显预算监督端口前移，提前介入，紧密结合财务管理的优势，加大对预算执行的监督力度，这是财务监督和管理的关键环节。通过监督着力提升预算编制和执行的科学性、准确性、时效性、严肃性，实现实时化、动态化监督。

2. 内控监督。

内控监督是指在各级工会中加强内部控制建设，对财务制度的执行进行监督，并随时纠正违规事项。健全完善的工会财务内控体系，其本身就具有牵制和监督功能，它通过审批经济事项，强化内部控制来实现监督职能。通过在日常工作中对预

算的编制、审批、执行的各环节进行重点监控和必要的延伸检查，对原始凭证、会计账簿、财务票据、实物款项进行严格审查和核算，真实、完整地记录和披露工会财务活动的全过程来实行监督。

3. 会计监督。

会计监督是指依照国家会计法和工会会计制度对会计工作的监督，利用正确的会计信息，对经济活动进行全面、综合的协调、控制、监督，以达到提高会计信息质量和经济效益的目的。它包括工会财务部门的会计机构和会计人员对单位经济活动过程的监督，单位负责人对本单位会计机构、会计人员工作的监督。会计监督是工会财务监督的基础，更是财务监督区别于其他监督形式独有的特点。财务部门应当认真履行这一重要职责，着力发挥会计监督的独特优势，坚持会计监督服务工会中心工作，特别是关系广大职工群众切身利益的工作。对各级工会开展会计监督检查，深入了解工会会计制度执行效果，分析问题原因，提出改进建议，为工会会计制度进一步改革服务。加大对各级工会会计工作的监管力度，采取全面检查、定期检查和重点复查的方式对工会的会计信息质量进行检查，充分发挥会计监督涉及面广、检查深入的优势。

4. 专项监督。

专项监督是指对各级工会组织和所属企事业单位某一项财务活动进行规定性和临时性相结合的深入监督，具有针对性、时效性、灵活性的特点。

规定性监督是根据年度检查计划和有关制度进行的监督，如对列入检查计划的某一项财务活动进行系统检查，又或是某个项目完成后，应向有关部门报送专题财务报告，接受监督部门的检查。临时性监督是根据工作需要进行的不定期监督，当有关部门要求配合进行，有迹象反映工会经费使用的某一方面出现问题时，可以临时组织突击检查。

专项监督的内容，应按照国家和中央对于工会工作的指导性意见，紧密围绕工会财务管理的重点工作，结合全国或各地工会财务工作实际情况，针对财务管理中的薄弱环节和亟须解决的问题，或是各级工会和职工群众反映较大的问题，经监督部门认真研究而设定。比如，对工会经费拨缴情况的监督，对工会“三公”经费使用情况的监督，对工会培训费、会议费开支情况的监督，对基层工会经费使用情况的监督等，都可以进行专项监督。专项监督可对工会财务活动进行深入的检查监督，从而更快速、更全面地发现问题，深挖根源，能及时有效地遏制违规行为的发生和扩大。

5. 绩效监督。

绩效监督是指各级工会根据设定的绩效目标，运用科学的监督标准和分析方法，对工会经费使用经济性、效率性和效益性实现程度进行的监督。绩效监督是工会经费支出管理的深化和延伸，主要作用是在有效开展经费支出合规性监督的基础上，科学、客观、全面地反映工会支出的实际产出和效果，找到与应当达到的绩效水平之间的差距，从而督促各级工会不断提高工会经费支出效益。

绩效监督重点关注与工会重点工作密切相关，具有社会经济影响的项目，主要运用于工会预算支出、项目补助资金、财政补助资金的效益性监督。实现绩效监督的核心是要确立科学的绩效评价指标和方法，遵循相关性、重要性、可比性、系统性、经济性原则，共性指标和个性指标相结合，必要时应会同用款部门共同制定。各级工会要按照《工会预算支出绩效评价管理暂行办法》的要求，完善绩效目标和评价指标体系，扩大工会经费预算支出绩效评价范围和结果的运用，督促工会经费的具体使用单位或部门提交绩效监督自评报告，及时进行整理、归纳，按照制度要求向上级工会报告绩效监督结果，并将其作为改进经费支出管理和安排年度预算的重要依据。

（四）信息化监督的探索

目前，工会财务监督的信息化建设还比较薄弱，信息技术和网络平台还没有被应用于财务监督，没有成为有效的工作载体和监督形式。要探索建立统一的全国工会监管信息平台，开发工会会员单位和工会经费信息统计管理软件，使全国总工会和各级工会，工会系统和财政、税务等部门实现监管信息数据共享，形成有效的横向和纵向监管合力，将全国的基层工会、会员信息、经费拨缴情况统计起来，提高数据的真实性、及时性。

二、其他监督主体的监督

（一）经审监督

经审监督主要由经费审查委员会及其办公室（经费审查委员会的日常办事机构）具体负责日常工作。经审会及其办公室，是独立于工会财务部门，专门对工会经费进行审查监督的单位。经审组织对工会经费及资产进行审查监督，主要为事后审计，是依法履行职能的行为，各级工会必须接受其审查监督。

（二）国家和社会监督

《工会法》第四十四条规定：“工会经费的使用应当依法接受国家的监督。”主要有审计署审计监督、财政监督、纪检监督，社会审计机构监督等形式。由政府委派有关部门对工会经费使用情况，工会资产中财政所拨资金，工会业务中的有关项目进行监督。

（三）民主监督

工会财务接受民主监督，这是工会财务工作区别于企事业财务工作的一个显著特点，是由工会经费的性质所决定的。

由于工会经费来自职工，用于职工，因此要接受职工群众的民主监督。这种民主监督的一般形式是工会经费收支情况向会员代表大会公布，基层工会组织还要定期向会员公布会费收支情况。

三、工会财务监督与审计监督的关系

工会财务监督与上述介绍的国家审计监督、工会经费审查监督（以下简称审计监督）既有明显区别，又有紧密联系。正确认识、处理好它们之间的关系，对于明确工会财务部门与经审部门的职责，配合好国家审计工作，充分发挥各类监督对于规范工会经济活动，促进工会财务管理都十分重要。

（一）财务监督与审计监督的联系

在实际工作中，财务检查在人员力量组织上常常需要工会经费审计部门的大力支持。近几年来，各地工会财务部门与经费审查部门互相借调人员，进行联合财务检查，共享审计成果，同抓整改落实等也成为一种新的发展态势。而国家对工会审计监督的实施，按照有关规定的职能分工，更加离不开工会财务部门的密切配合和支持，两类监督形式通过相互协同、沟通，才能充分发挥监督的合力。

财务监督与审计监督都服务于工会工作，其政策依据、评价判断标准、监督主要内容和目标都是基本相同的。它们都是以国家、工会制定的有关法律法规、财务制度和工会会计制度为检查依据，以工会及所属单位的财务收支情况、执行规则制度情况、预算目标实现情况为监督重点，对经济活动的真实性、合法性、效益性进行评价。监督的目的都是要及时发现和解决财务问题，保护工会资产安排完整，维护财经纪律，提高工会经费使用效益，促进工会财务管理水平。

（二）财务监督与审计监督的区别

1. 监督主体和程序不同。

财务监督是财务管理的重要职能之一，其主体是工会财务部门，客体是本级和下级工会财务活动的所有方面，财务人员在工作中进行自我监督，任何领导干部、工作人员都在被监督之列。财务监督的主要程序是通过制订计划、检查考核、分析评价、纠正偏差、修订制度等步骤，其环节相对灵活，没有特别硬性的程序规定。但是由于工会的所有经济活动都要纳入工会财务部门进行统一管理，财务监督部门对于检查结果可以更为方便地进行追踪和处理，具有指导、帮助改进与提高财务工作的优势。

审计监督的主体是国家审计署和工会经费审查委员会，是专门的审计机构或部门，组成人员除专业审计人员外必须是经过报批的相关部门人员，其客体主要是被审计单位及负责财务工作的领导干部。审计监督的程序规定是相对固定甚至是法定的，如出具审计通知书、制订审计工作方案、编写审计工作底稿、撰写审计报告，提出审计意见和结论，每个阶段都有明确具体的工作规定，各步骤有一定的顺序，不能相互轮换。审计工作的独立性和权威性较强，不受其他部门和个人的干涉，审计部门下达的审计决定、意见具有法定效力，要求被审计单位严格执行。但正是由于审计机构和部门的单设，不涉及具体的财务核算工作，所以对于审计结果也仅依靠被审计单位提供的审计整改报告进行监管，无法对真实的整改情况进行追踪和长效性指导，审计效果的实现程度还是取决于财务部门的后续监管力度。

2. 监督覆盖时点不同。

财务监督主要通过日常监督和财务检查的方式来实现，财务监督的一大优势是可以通过审批和会计监督对工会全部业务工作实现经常性财务监督。工会财务部门通过对经济业务进行计量、记录、分类和汇总，从而形成会计资料即会计信息，这种会计信息是一切财务管理和监督的基础。财务部门通过会计监督可以对工会经济活动进行纵向管理，包括事前监督（如计划和审批）、事中监督（如日常财务核算）和事后监督（如检查、审核），这种监察与督促随着经济活动而进行，贯穿经济活动的始终，能够实现全方位、全时间段监督覆盖。在日常监督之外，财务部门还可以随时根据日常业务的需要，适时开展对执行财经纪律、资金和资产管理等情况的重点、专项财务检查，或按照上级主管部门要求进行检查部署，具有随机性、及时性和针对性，在一个会计年度中随时可以开展。

审计监督作为一项独立的经济监督活动，审计项目一般应纳入年度工作计划，特殊项目，如开展经济责任审计，还必须经过工会相关部门的授权和委托。国家审计署和工会经费审查部门的审计工作一般只在会计年度终了进行一次，主要是进行事后监督，不能对财务问题的发生进行预先的防范和随时纠偏，审计结果也只能对问题进行客观描述，对相关责任人员进行处理、处罚。并且审计监督有相对固定的审计时间和专门的审计派出人员，审计人员专司监督职责，不参与具体的财务核算业务，对于被检查单位的财务工作和制度设定还要有一个熟悉的过程。审计监督受审计时间和人员的限制，对被审计单位的检查更多的是设定几个侧重点，在一次审计监督不能对财务工作的问题进行深入和全面的发现。

3. 监督方法不同。

财务监督主要是通过审核和审批工会预算、决算、对下项目补助款项，检查会计账簿、财务报表，资金收付和存储，财务法规制度执行情况来实现监督。财务监督不仅是对工会经费收支合法合规性的检查，还包括对工会财务制度的完善和执行，基层工会各项财务数据的收集、整理和分析，工会财务干部队伍建设的促进等各个方面的检查，是通过财务监督实现对全国工会系统整体财务管理和运行的评价、分析和控制。上级财务部门对下级单位的财务管理和经费使用情况进行定期考评，根据有关规定，制定考评标准及细则，将考评结果作为单位年度工作综合考评和干部考核的内容之一，运用检查结果调控预算项目和补助款项，是财务监督特有的方法，有别于审计监督。

审计监督主要是对被审计单位的财务收支委托审计机构进行审查和评价的行为，它的方法是一套相对独立、完整的体系，主要是检查账目，查询函证，计算复核等。审查重点是对会计工作进行检查，包括会计凭证、账簿、会计报表和财务计划等，从而检查财务收支的正确性、完整性和合法性，而不会过多涉及财务管理的其他方面。

第四节　工会财务监督处罚规定

根据《中华全国总工会关于加强工会财务管理、资产监督管理和经费审查审计监督的意见》，各级工会要对工会经费实行全面监管，各级工会的经费收支情况，必须做到公开透明。要建立责任追究制度，对违反法律法规和制度的行为，依法依规追究相关人员的责任，并对负有领导责任的主要负责人或有关领导干部进行问责。各级工会对于财务监督中发现的问题有处理和追究的职责，而各级工会财务部门是具体执行部门，负责对财务违规行为的制止和纠正。根据相应的规定，区别情况采取及时、有效的处理措施，维护财经纪律的严肃性，才能避免造成更大的损失。按照现行法律、全国总工会各项制度，主要有以下几个方面的处理规定。

一、工会经费拨缴方面的处罚规定

《工会法》第四十三条规定，企业、事业单位无正当理由拖延或者拒不拨缴工会经费，基层工会或者上级工会可以向当地人民法院申请支付令；拒不执行支付令的，工会可以依法申请人民法院强制执行。第五十五条规定，工会工作人员违反本法规定，损害职工或者工会权益的，由同级工会或者上级工会责令改正，或者予以处分；情节严重的，依照《中国工会章程》予以罢免；造成损失的，应当承担赔偿责任；构成犯罪的，依法追究刑事责任。《关于截留、挪用应上解工会经费的暂行规定》第四条规定，对各级工会组织和有关责任人（包括主管领导和经办人，下同）截留、挪用应上解工会经费的行为，除责成其认真作出书面检查，并限期全部补缴上解经费外，应根据事实和情节以及检查的态度，分别给予处罚和处分。

二、工会预算执行方面的处罚规定

《工会预算管理办法》第四十五条规定，有违反本办法规定，擅自改变预算资金的性质和使用范围，截留挪用项目资金；隐瞒收入、虚列支出，造成会计信息严重失真；擅自决定重大开支项目等行为的，上级工会应责令其作出检查，并要求纠正。情节严重、造成经济损失的，对负有直接责任的负责人和相关人员，按照国家法律法规和工会的有关规定追究其责任。

《工会预算支出绩效评价管理暂行办法》第三十条规定，各级工会应当及时整理、归纳、分析、反馈绩效评价结果，并将其作为改进预算管理和安排年度预算的重要依据。对绩效评价结果较好的，本级工会予以表扬或继续支持。对绩效评价发现问题、达不到绩效目标或评价结果较差的，本级工会可予以通报批评，并责令其限期整改。不进行整改或整改不到位的，应当根据情况调整项目或相应调减项目预算，直至取消该预算支出。

《全总机关财务管理若干规定》第三十三条规定，全国总工会财务部对日常财务监督中发现的问题，要立即下达整改通知，督促有关单位限期纠正和整改，对未落实整改的单位，暂时停止执行预算和各项支出。对发现的重大问题，财务部要提出初步处理意见，上报全国总工会分管财务工作的领导和全国总工会书记处，并按照全国总工会书记处决定进行处理。

《中央财政专项帮扶资金使用管理办法》第十一条规定，帮扶资金专款专用，任何单位和个人不得截留、挤占、挪用。对违反规定弄虚作假、骗取资金、挤占挪用的，上级工会应根据情况减拨或停拨资金、追回违规所得资金。《关于对下补助实行项目补助管理的通知》规定，全国总工会财务部负责组织相关部门对申报项目补助管理、资金分配和拨付进行论证报批及对资金使用情况进行监督检查。对截留挪用、改变资金用途的，全国总工会要追回下拨的项目补助资金或扣减有关省级工会下一年度的补助，并追究有关当事人和工会负责人的责任。

三、全国总工会本级企事业单位管理方面的处罚规定

《关于加强全总本级企事业单位财务管理的若干规定》第十九条规定，全国总工会财务部对日常财务监督中发现的问题，要立即下达整改意见，要求有关企事业单位限期予以纠正和整改；发现的重大问题，由全国总工会财务部提出初步处理意见后，上报全国总工会书记处，并按照全国总工会书记处决定对有关单位下达整改意见。有关单位要根据整改意见在规定期限内整改；对未落实整改意见的单位，暂时停止对其项目预算执行的审批。第二十条规定，对违反财经纪律、法规和制度，有下列行为的，要追究有关企事业单位和有关人员的责任，由全

国总工会财务部或全国总工会经审办、全国总工会机关纪检等部门和单位依纪依规严肃处理。（一）伪造、变造虚假合同、发票，骗取资金。（二）擅自改变预算资金的性质和使用范围，截留、挪用项目资金，报销与项目无关的开支。（三）利用工作之便违规套取现金。（四）私设“小金库”，不按规定核算收支，账外核算或账外设账。（五）擅自转让、转借、代开收费票据。（六）其他严重违反财经纪律、法规和制度的行为。

综上，从处理措施上分析，主要分为：责令整改，责令赔偿损失，停止预算执行和支出审批，减拨或停拨资金，追回或扣减下拨补助，追回违规所得资金。

各级工会财务部还可以上报上级主管领导，根据情节程度，对负有直接责任的单位和个人，按照有关规定追究其责任，处理措施有口头或书面警告，取消奖励评先资格，通报批评，记过、降级、撤职等处分。上级工会的财务部门，应对处罚决定的执行情况进行检查、监督，对拒不执行处罚决定的工会组织和有关责任人，可建议同级党委纪检部门追究有关领导的责任。对于财政补助资金方面存在的违法违规行为还应按照财政相关处罚规定处理，构成犯罪的依法追究刑事责任。对于财务监督中发现的问题进行处理、处罚权也是财务监督的重要手段之一。

思考题：

1. 工会财务监督的层次划分与职责是什么？
2. 工会财务事前、事中和事后相结合的原则是什么？
3. 简述工会财务监督与审计监督的联系与区别。

参 考 文 献

1. 中国共产党第十九次全国代表大会文件汇编 . 北京：人民出版社，2017

2. 本书编写组编著 . 党的十九大报告辅导读本 . 北京：人民出版社，2017

3. 本书编写组编著 . 党的十九大报告学习辅导百问 . 北京：学习出版社，党建读物出版社，2017

4. 习近平著 . 习近平谈治国理政 . 北京：外文出版社，2014

5. 习近平著 . 习近平谈治国理政（第二卷）. 北京：外文出版社，2017

6. 中华全国总工会编 . 中国特色社会主义工会发展道路学习读本 . 北京：中国工人出版社，2012

7. 刘玉平主编 . 国有资产管理（第二版）. 北京：中国人民大学出版社，2012

8. 毛程连，庄序莹等著 . 非经营性国有资产监督与管理 . 北京：复旦大学出版社，2011

9. 中华全国总工会财务部编 . 工会财务制度文件选编（2015 年版）. 北京：中国工人出版社，2010

10. 中华人民共和国财政部制定 . 工会会计制度 . 北京：中国财政经济出版社，2009

11. 《工会会计制度讲解》编写组编著 . 工会会计制度讲解 . 北京:中国财政经济出版社，2009

后 记

《工会财务工作概论》是全国工会干部培训基础教材之一。

《工会财务工作概论》是由全总财务部负责编写，财务部副部长朱虎祥、朱全担任主编。根据工会财务工作实际，对2013年出版的《工会财务资产工作概论》中工会财务工作相关章节进行了相应调整。参与本书编写的人员有：汪颖（第一、二、五章，第三章第一、二、三节），王照鑫、武小远（第三章第四节、第四章），张媛（第六章）。全书最后由朱虎祥定稿。在教材编写过程中，中国劳动关系学院王淑芬、刘东生同志对本书编写提出了有益的意见建议，在此表示感谢。

由于编者水平有限，本书难免存在不足和疏漏之处，诚恳地欢迎广大读者批评指正。

编 者

2017年11月